Victim Offender Conferencing

Bringing Victims and Offenders Together in Dialogue

피해자와 가해자를 함께 대화의 장으로 초청하기

피해자 가해자 대화모임

로레인 수투츠만 암스투츠 지음
한영선 옮김

정의와 평화 실천 시리즈
피해자 가해자 대화모임
-피해자와 가해자를 함께 대화의 장으로 초청하기

지은이	로레인 수투츠만 암스투츠
옮긴이	한영선
초판	2020년 2월 12일
펴낸이	배용하
책임편집	배용하
등록	제364-2008-000013호
펴낸곳	도서출판 대장간
	www.daejanggan.org
등록한곳	충남 논산시 매죽헌로 1176번길 8-54, 101호
대표전화	전화 041-742-1424 전송 0303-0959-1424
분류	대화	갈등해결	피해자 가해자
ISBN	978-89-7071-508-7 03330
CIP제어번호	CIP2020004313

값 8,000원

차례

감사의 말

피해자 가해자 대화모임에 용기를 갖고 참여한 모든 사람에게 깊은 감사를 드립니다. 이 일이 때로는 고통스러웠지만, 동시에 변화를 주는 일이었습니다. 또한 피해자와 가해자의 필요에 애정과 열정을 보여주신 분들에게 깊이 감사드립니다. 그분들이 저에게는 영감inspiration 그 자체였습니다.

남편 짐Jim과 아들 솔로몬Solomon, 조던Jordan, 딸 레아Leah에게 고마움을 표합니다. 이들은 우리가 가장 사랑하는 사람들에게 말하는 내용을 실천에 옮기는 일이 얼마나 소중한 일인지 끊임없이 상기시켜주었습니다. 여러 사람들이 제가 받아 마땅한 사랑보다 훨씬 더 많은 사랑을 베풀어 주셨습니다.

한국어판 독자에게

친애하는 한국 독자 여러분!

제가 2015년 1월에 한국을 방문했을 때, "피해자 가해자 대화모임"이 한국어로 번역된다는 소식을 듣고 매우 기뻤습니다.

서울소년원을 방문할 기회가 있었는데, 그곳에서 회복적 정의 원칙과 가치를 적용하면서 긍정적인 변화가 일어나고 있다는 소식을 듣고 큰 감동을 받았습니다.

저는 이 책을 읽는 여러분이 존중과 새 생명을 주는 방법 속에서 지역 공동체의 힘을 키우는 방식으로 피해를 전환시키는 길을 계속해서 찾으시기를 소망합니다.

행복을 빕니다.

로레인

서언

몇 해 전, 세 살배기 아들이 눈가에 커다란 멍 자국을 달고 집으로 뛰어왔다. 아들은 "엄마, 카일Kyle이 나를 걷어찼어!"하며 울었다.

엄마로서 첫 번째 반응은 즉시 뒷문을 열고 내 아들을 그렇게 만든 여섯 살 먹은 그 놈을 찾아 나서야 했을 것이다. 그러나 나는 그렇게 하는 대신에 조던Jordan의 눈 위에 얼음찜질을 해주며, 울음을 멈출 때까지 아들을 꼭 안아 주었다. 조던에게 책을 읽어주었고, 조던은 자연스럽게 내 무릎에서 일어나서 장난감을 갖고 놀러 나갔다. 약 15분 뒤에, 조던은 나에게 다시 와서 밖에 나가 놀고 싶다고 말했다. 내가 조던에게 밖에 나가 놀 수 있겠냐고 묻자, 아들은 나를 바라보며 "못나가겠어요. 걔가 또 나를 때릴 것 같아요"라고 했다.

이 일은 우리가 그 마을에 이사한지 얼마 되지 않았을 때 일어났기 때문에 그 지역에 대해서는 대충 알고 있었으나 카일의 집이 정확히 어디인지 몰랐다. 나는 조던의 손을 잡고, 무슨 일이 있었는지 알아보러 카일네 집에 가자고 했다. 카일을 만나더라도 엄마가 지켜줄 테니 염려하지 말라고 안심시킨 후, 카일네 집을 찾아 나섰다.

세 번째 집을 방문했을 때, 한 젊은 여자가 문을 열어주었다. 카일의 엄마였다. 나는 카일의 엄마에게 아이들이 함께 놀다가 조던이 다쳐 울면서 집에 들어왔다는 내용을 설명하였다. 우리가 카일을 만나 무슨 일이 있었는지 이야기해도 되는지 물었다.

우리가 현관에 들어서자 잔뜩 겁에 질린 얼굴로 카일이 계단 꼭대기에 모습을 드러냈다. 나는 카일에게 무슨 일이 있었는지 말해줄 수 있는지 물었다. 카일은 상황을 자세히 설명해 주었다. 둘이서 경찰-강도 놀이를 했고, 자기가 조던을 잡으러 쫓아가는 동안 조던이 도망가다 넘어졌다고 했다. 카일이 조던을 잡으려고, 조던에게 발길질을 했다. 그러나 다치게 할 의도는 없었다고 말했다. 카일은 큰일이 났구나 싶어 두려웠기 때문에 도망쳤다. 카일 엄마는 조던이 다친 것을 알았으면서도 왜 도와주지 않았느냐며 카일을 꾸짖었고, 다른 할 말은 없는지 카일에게 물었다.

카일은 조던을 바라보며 말했다. "네 눈이 정말 아픈 것으로 보인다. 미안해."

잠시 침묵이 흐르자, 카일 엄마가 "그거 외에 더 할 말은 없니"하고 물었다. 다시 카일은 조던을 보면서 "그래도 여전히 내 친구가

되어줄 수 있겠니?"하고 물었다.

조던은 나를 물끄러미 쳐다보았다. 그리고 카일을 보면서 말했다. "나를 또 이렇게 아프게 할 거야?"

카일은 "아니, 앞으로 다시는 안 그럴게" 하고 대답했다.

조던도 "그럼, 알았어"하고 대답했다.

나는 카일의 엄마와 한참동안 이야기를 하고 난 뒤, 조던과 함께 집으로 돌아왔다. 집으로 돌아오는 동안, 조던이 나를 올려다보면서, "엄마, 내 눈이 이제는 더 이상 아프지 않아!"하고 말했다.

내 아들은 지금 다 컸지만, 이 이야기는 피해자 가해자 대화모임 Victim Offender Conferencing, 이하 VOC이 단지 범죄와 관련된 상황에서 뿐만 아니라, 우리 일상생활에서도 얼마나 큰 능력을 발휘하는지 보여준다. VOC는 상처 입은 사람들을 회복하기 위한 방법들을 탐구하고, 관계 회복을 위해 서로의 이야기들을 듣도록 피해를 입힌 사람과 피해를 입은 사람이 한자리에 앉아 대화하는 전 과정을 말한다.

이 책에 대하여

이 책의 목적은 정의와 평화 실천 시리즈로서 VOC를 개관하는 것이다. VOC는 범죄와 관련된 가해자와 피해자를 대화에 참여시키기 위하여 많은 지역사회에서 사용하고 있는 절차process이다. VOC는 회복적 정의1)라는 통합적 틀 안에 있는 수많은 접근방법 혹은 모델 중 하나이다.

이것은 VOC를 어떻게 실천할 것인지에 대한 방법을 제시하기 위하여 만든 책이 아니라, 지난 30년 동안 VOC가 발전하기까지 어떤 과정을 거쳐 왔는지를 개관한 책이다. VOC가 세계 여러 나라, 여러 지역에서 사용되고 있지만, 이 책은 북미의 상황 속에서 시행한 경험을 주로 다루었음을 밝힌다.

이론과 실제의 한 영역인 회복적 정의의 역사는 1970년대 초로 거슬러 올라갈 수 있다. 그러나 일부 원주민 공동체들은 범죄문제를 해결하기 위하여 회복적 정의 방식을 훨씬 더 오래전부터 사용해왔다. 후알라파이 부족Hualapai Nation 사람인 조셉 플라이스-어웨이Joseph Flies-Away 2)판사는 이러한 접근 방식은 식민지정복으로 인해 잃어버렸던 원주민의 대화 방식을 되찾은 것이라고 한다. 그는 자신의 글에서 후알라파이 부족의 누군가가 범죄행위를 하면 사람들이 말하길 "그 사람은 마치 아무런 친척이 없는 사람처럼 행동했다"고 말하는 사실을 지적했다. 플라이스-어웨이 판사는 계속해서 "법의 목적은 그 사람을 치유하여 공동체로 다시 되돌아가도록 돕는 것이다. 사람들은 타인과 아무런 관계를 맺고 있지 않을 때, 최악의 일을 저지른다. 부족의 사법 시스템은 관계에서 끊어졌던 사람들을 다시 연결시켜주는 하나의 도구이다"라는 사실을 상기시킨다.

여러 면에서 VOC와 같은 회복적 정의와 회복적 문제 해결방식은 세대를 이어 전해진 원주민들의 전통과 문화를 서양문화에 적용한 것이다.

> "법의 목적은 그 사람을 치유하여 공동체로 다시 되돌아가도록 돕는 것이다. 사람들은 타인과 아무런 관계를 맺고 있지 않을 때, 최악의 일을 저지른다."

이 정의와 평화 실천 시리즈에 실린 절차들은 원래 서구의 사법 시스템이라는 맥락에서 개발된 것으로 사법 시스템의 약점이 무엇인지 보여준다. 구체적으로 피해자 가해자 대화는 가해자가 상처를 입은 피해자에게 상호책임을 지도록 하며, 피해자에게 말할 기회를 주어 그들의 필요를 채워주기 위함이다. VOC는 범죄로 인해 피해자와 가해자 사이에 관계가 만들어진다고 본다. VOC의 기본적인 접근방법은 사법 시스템을 넘어서는 많은 가능성을 가지면서 학교와 같은 곳에서 일어나는 잘못된 행동들을 해결하기 위해 다른 유용한 방법을 제공한다.

따라서 이 책은 VOC가 무엇인지 소개하고, VOC 프로그램을 시작하며, 대화를 촉진시키고, 이 책이 말하는 바를 직접 따라가기 원하는 사람들에게 실제적인 도움을 주기 위해 마련되었다.

1. VOC란 무엇인가?

　나는 다용도 칼을, 친구는 날카로운 식칼을 들고 24개의 자동차 바퀴를 긋고 다녔습니다. 카시트를 칼로 찢고, 라디에이터를 부숴버렸어요. 집에 돌을 던져 유리창을 깨고, 마을에 있는 술집의 현관 창문을 박살냈습니다. 보트를 나무로 끌어올려서 바닥에 구멍을 내고 뒤집어 엎어버렸지요. 마을의 전망대, 자동차 신호등을 망가뜨리고 마을의 교회에 세워 놓은 십자가를 부쉈습니다. 빈 맥주병으로 닥치는 대로 자동차 유리창문을 깨뜨리고 연못 주변의 탁자들을 뒤집어엎고, 울타리를 훼손했습니다. 그렇게 두 시간 동안 도합 스물두 집에 막대한 피해를 입혔습니다. 우리는 이런 광기어린 행동을 끝내고 아파트로 돌아와 정신없이 곯아 떨어졌습니다.[3]

　이는 1974년 캐나다 온타리오주의 엘마이라라는 작은 마을에서 일어났던 "엘마이라 사건Elmira Case"에서 두 명의 가해자 중 한 명이었던 러스 켈리Russ Kelly의 말이다. 회복적 정의가 여러 뿌리를 갖고 있지만, 대체로 이 운동이 어디에서 시작되었는지 추적하다보면, 이 엘마이라 사건이 최초의 사건으로 자주 언급된다.

보호관찰관인 마크 얀치Mark Yantzi는 메노나이트 중앙위원회Mennonite Central Committee, 이하 MCC의 자원봉사자였는데 그는 또 다른 MCC 직원인 데이브 워스Dave Worth와 함께 일을 하고 있었다. 두 사람은 가해자들이 피해자들과 피해를 입은 마을에 대해 아무런 책임을 지지 않은 채 계속 악순환을 반복하게 하는 사법 시스템과 일처리 방식 때문에 여러 번 낙담하고 좌절하였다. 그들은 판사에게 이번 사건을 일으킨 두 가해자들을 데리고 피해를 입은 사람들을 직접 만나게 하자는 제안을 했다. 판사는 여러 번 주저하였지만, 가해자들에게 그렇게 하도록 판결을 내렸다. 켈리의 이야기가 계속된다.

피해자를 직접 만나는 일은 내 평생에 가장 힘든 일이었습니다. 마크 얀치와 데이브 워스는 우리를 데리고 피해자의 집 문 앞으로 걸어갔습니다. 피해자들에게 사과하고, 그들이 하는 말을 듣고, 보상해야할 피해액이 얼마나 되며, 용서를 구하고, 사실은 우리가 해를 입히고 싶었던 원래 대상이 아니었다는 사실을 전하기 위해서였습니다. 우리가 한 행동은 무작위적인 기물 파손행위였거든요.

어떤 피해자들은 우리에게 용서를 베풀었지만, 어떤 피해자들은 우리가 적절한 처벌을 받는 것을 기대했습니다. 몇 달 후에 우리는 보험이 적용되지 않아서 직접 갚아야할 손해를 배상하기 위한 비용으로 사용할 보증수표를 가지고서 범죄 피해자들을 만나야 했습니다.

현재 러스 켈리는 온타리오주, 워털루시에 있는 지역사회 정의실천Community Justice Initiative이라는 기관의 직원으로 회복적 정의 철학을 가르치는 일을 하고 있다.

현재 서양의 회복적 정의 운동은 원래 "피해자 가해자 화해 프로그램Victim Offender Reconciliation Program, 이하 VORP"이라는 이름으로 불리던 대화 절차로 피해자와 가해자를 함께 만나도록 하는 프로그램에서 시작되었다. 이 이름이 현재까지도 사용되고 있지만, 12~13페이지의 용어부분 참고 아직까지는 기본 접근방법에 있어서 적어도 북미에서는 회복적 정의를 가장 일반적으로 적용한 프로그램으로 알려져 있다.

대화모임은 가해자가 피해를 입힌 사람들에게 책임을 지도록 한다.

피해자 가해자 대화 과정은 훈련받은 퍼실리테이터facilitator 혹은 지역사회 자원봉사자의 참여하에 범죄의 피해를 입은 사람과 가해자를 모임에 참여하도록 하여 직접 대면시킴으로써 범죄가 어떤 영향을 미쳤고 어떤 결과를 가져왔는지 이야기하게 한다. 이 과정에서 가족 구성원, 친구, 혹은 지역사회의 구성원을 참여시키기도 한다. 이 모임은 피해자의 안전이 보장되고, 잘 조직되어 피해자가 하고 싶은 이야기를 하며, 감정을 표현하고, 법적 과정을 통해서는 얻을 수 없는 질문들에 대한 답변을 들을 수 있게 하며, 대부분의 경우 자신들의 피해가 어떻게 회복될 수 있는지에 대한 선택사항들을 논의한다.

가해자들에게도 무슨 일이 있었는지 말할 수 있는 기회와, 자신의 행동에 어떻게 책임을 지며, 개인적으로 자신의 행동이 피해자에게 어떤 영향을 끼쳤는지 들을 수 있는 기회가 주어진다. 이 대화모임은 가해자가 피해를 입힌 사람들에 대해 책임지도록 하며, 피해자들에게 보상하기 위한 계획을 세우는 데 참여하도록 한다.

미국의 경우에, VORP는 1970년대 중반 인디아나주 엘크하트에서 처음 시행되었다. 이 프로그램은 이미 캐나다의 온타리오주, 키치너라는 도시에서 만들어진 모델을 기반으로 하였고, 보호관찰부서와 상관없이 진행되었다. 이 프로그램은 곧 엘크하트 지역의 "수감자 및 지역사회 공동체Prisoner and Community Together, PACT"라는 비영리단체가 담당하게 되었다. 그리고 지역사회에 기반을 둔 "지역사회 정의 센터Center for Community Justice"라는 기관이 계속해서 담당하고 있다. 그 후 지난 30여 년 동안 키치너와 엘크하트 모델을 기반으로 많은 프로그램들이 개발되었다.

엘크하트 모델은 초기부터 청소년과 성인 가해자들을 대상으로 활동했다. 이와 더불어 시작된 초기 프로그램들은 주로 청소년들을 상대로 한 회복적 정의에 초점을 맞추어 시행되었다. 이러한 프로그램들을 시행하게 된 의도는 우선 청소년들을 상대로 신뢰를 구축한 후, 성인 사건들로 확대해 나가고자 함이었다. 엘크하트 프로그램에서 실천가들은 피해자들의 반응, 가해자들의 책임과 관련하여 성인과 청소년 사건 모두에게서 유사한 내용을 발견하였다.

프로그램에 처음 의뢰된 사건은 대부분 절도와 같은 "재산property 범죄였다. 그러나 단순한 폭력, 강도, 그리고 갈취 등과 같은 "대인personal" 범죄도 의뢰되기 시작하였다. 어떤 프로그램은 강력 범죄severe violence의 경우에도 적용되었지만, 이러한 경우에는 충분한 훈련과 절차가 마련된 후에 시행되었다.4장 참고

1994년에 미국 변호사 협회American Bar Association는 미국 법정에서의 VOC 사용을 승인하였다. 2000년 기준으로 1,000개가 넘는 피해자 가해자 대화 프로그램이 미국과 유럽에서 운영되고 있다.4) 이러한 프로그램들은 지역사회 중심의 사설 기관, 보호관찰 부서, 피해자 봉사단체 등에 의해 운영되고 있다. 많은 프로그램들이 훈련된 지역사회 자원봉사자를 사건 퍼실리테이터로 활용하고 있다.

용어

1970년대 말, 처음 VORP 프로그램이 미국에서 시작되었을 때, 이 대화과정을 적절히 표현할 수 있는 용어가 무엇인지에 대한 논의가 있었다. "중재mediation"라는 용어는 도덕적 견지에서 당사자들이 어느 정도 평등하다는 생각을 불러올 수 있다는 이유로 처음부터 기각되었다. 이것은 피해자와 가해자에게는 적용되지 않는다. 어느 누군가가 다른 사람에게 명백하게 잘못했기 때문이다.

VORP의 기본적인 초점은 범죄의 관계적 측면을 다룸으로써 피해자와 가해자를 돕는 것이다. 그런 점에서 면대면의 만남이 관계적 측면에서 어떻게 작용하는지를 설명하기 위한 방식으로 "화해reconciliation"라는 용어를 초기부터 사용하였다. 이 만남의 목적은 사람들을 서로 포옹하게 하고, 모든 것이 괜찮다라고 말하도록 하려는 것이 아니다. 오히려 만남을 통해 범죄로 인하여 야기된 개인과 공동체 관계에 대한 피해와 손상을 인정하도록 돕기 위함이다.

양 당사자 사이에서 화해를 강제하는 시도는 있을 수 없다. 그럼에도 여전히 "화해reconciliation"라는 용어는 법률적 우려를 일으킨다. 그래서 많은 프로그램들이 VORP라는 용어 대신에 "피해자 가해자 조정Victim Offender Mediation, VOM"이라는 용어를 선택했다.

더 최근에는 많은 프로그램이 "조정mediation"과 "화해reconciliation"를 내려놓고, "대화모임conferencing" 이나 "대화dialogue"라는 용어를 선호한다. 조정은 종종 참여 당사자에게 적합하게 맞춰져야 하는 유연한 과정 대신에 참여 당사자가 그 절차에 적응하여야 하는 과정으로 보여 진다. 조정은 또한 피해배상에 대한 권리가 협상될 수 있다는 것을 피해자에게 암시하는 문제가 있다.

"대화모임"이라는 용어는 만약 필요하다면 지역 공동체의 누구나 참여할 수 있는 여지를 만든다는 점에서 누가 포함될 것인가에 대한 유연성을 제공하는 참여적 접근방식을 의미한다. 이 용어는 1989년 뉴질랜드 청소년사법제도의 핵심으로 자리 잡은 가족그룹 대화모임Family Group Conferences에서 소개되었다.

다음 사례는 왜 피해자와 가해자가 면대면의 대화에 참여하기로 결심하는지에 대한 예를 보여준다.

새 운동화 한 켤레가 학교 남학생 라커룸에서 분실되었다. 신발을 훔친 학생의 어머니가 아이를 교장principal에게 데려와서 신발을 반납했다. 가해자와 피해자 두 학생은 서로 모르는 사이였으나 모두 조정을 받는 것에 동의했다. 무슨 배상을 원하는지 물었을 때 피해 학생은 가해 학생의 사과를 듣고 싶고, 또 그 학생이 인생의 교훈을 얻는데 도움이 되었으면 하고 바랬다.

그곳에 어떤 만족, 특히 피해 학생에게 어떤 만족이 있었는가? 만남의 첫 부분에서는 상당한 긴장이 있었다. 그러나 긴장은 오래가지 않았다. 신발을 훔친 학생이 피해 학생에게 사과를 했을 때 어느 정도 긴장이 풀렸다. 나중에는 피해 학생의 어머니가 가해 학생의 어머니에게 아들을 교장실로 데려온 것에 대해서 감사의 표현을 하였다. 그리고 피해 학생이 사과를 받아들인다는 말과 가해 소년이 무언가를 배울 수 있기를 바란다는 말을 하면서 어떤 피해배상도 필요하지 않다고 말했다. 그것은 가해 소년에게는 놀라운 사건이었던 듯하다.

나는 이 두 학생이 앞으로 절친한 친구가 될 것이라고 기대하지는 않는다. 그러나 조정이 그들로 하여금 죄책감이나 분노, 그리고 성가신 질문들 없이 앞으로 나아가는데 도움이 되었다고 믿는다. 이것은 가치 있는 노력이다.[5]

VOC 절차

전형적인 VOC 절차는 사건이 한명 또는 다수의 피해자 또는 다수의 가해자가 포함되어 있는지 여부에 관계없이 동일한 기본과정을 따른다.

1. 의뢰 referral

사건은 다양한 기관으로부터 의뢰된다. 판사, 보호관찰, 경찰, 검사 또는 지역 사회기관이 주요 의뢰기관에 포함된다. 이를 위한 기준 또는 협약은 일반적으로 의뢰하는 기관과 협의하여 결정한다.

2. 사례 관리 screening and case management

의뢰된 사건은 사례관리 시스템에 입력되고, 사건이 VOC에 적합한지 심사한다. 그런 다음에 프로그램 관리자가 의뢰된 사건을 훈련받은 퍼실리테이터에게 배당한다.

3. 첫 접촉 first contact

퍼실리테이터는 먼저 가해자가 절차를 진행하고자 하는지 여부를 확인한 이후에 피해자에게 연락한다. 피해자와의 첫 번째 접촉은 편지로하고 이후에 전화접촉을 한다.

4. 첫 만남 initial meetings

퍼실리테이터가 가해자와 피해자를 각자 따로 대면하여 각자의 이야기를 듣고, 피해자 가해자 대화절차를 설명하며, 절차를 진행할지 여부를 결정한다. 대화모임을 위한 적절한 시간과 장소를 찾고, 참여자들의 만남을 준비한다. 또한, 퍼실리테이터는 피해자와 가해자가 자신을 도와줄 수 있는 조력자, 예를 들어서 가족, 친구, 멘토 또는 목회자 등을 찾을 수 있도록 돕는다.

5. 조력자 support people

네 번째 단계에 있는 것과 같이 조력자들이 피해자 또는 가해자의 요구에 따라 대화모임에 참여한다. 이 경우 주요 참여자의 동의가 있어야 한다. 퍼실리테이터는 대화모임이 있기 전에 조력자들을 따로 만나서 절차와 역할을 설명한다. 직접 만나는 것이 여의치 않다면 전화로 할 수 있다.

6. 대화모임 the conference

기본적인 규칙과 지침이 정해지고 난 이후에 대화모임은 기본 참여자와 조력자가 서로의 경험과 느낌에 대해서 이야기하고, 서로에게 질문할 수 있는 기회를 준다. 참여자들은 피해자가 계속해서 겪고 있는 피해와 상실을 어떻게 해결 할 수 있는지를 탐색한다. 어떠한 배상으로도 그 상실을 완전히 대체할 수 없다는 것을 인식해야 하지만 이는 대체로 상징적이다. 마지막으로 참여자들은 배상 약속에 사인을 한다. 당사자들이 서로 아는 사이라면 앞으로 이 관계를 어떻게 이끌어갈 것인지에 대한 행동도 약속에 포함한다.

7. 보고 및 모니터링 reporting and monitering

퍼실리테이터는 모임의 결과에 대해서 프로그램 진행자에게 보고한다. 합의문과 간략한 보고서 사본을 의뢰기관에 보낸다. 프로그램이 완전히 이행될 때까지 합의사항을 모니터링 한다. 그리고 이행과정에서 발생하는 장애물들의 해결을 지원한다.

8. 사례종료 closing the case

배상이 완료 되고 나면 일부 프로그램은 당사자들의 합의 이행을 축하하는 자리를 만들기도 한다. 최종 보고서를 의뢰기관에 보내는 것으로 사례가 종료된다.

다른 대화 절차들

VOC는 회복적 정의 절차 중의 한 종류일 뿐이다. 다음의 설명들은 피해자와 가해자가 함께 대화에 참여하는 접근 방법의 종류를 소개한 내용이다. VOC 절차를 처음 시작할 때는 한명의 피해자와 한명의 가해자가 만나면 된다고 생각했으나 곧 과정 초기부터 가능한 많은 사람들을 참여시켰다. 지금도 많은 지역공동체들이 계속해서 이러한 절차를 변형하고 서로 혼합하고 있다.

가족그룹 대화모임 Family Group Conferencing

뉴질랜드에서 시작한 후, 호주에서 채택된 가족그룹 대화모임 모델은 가족, 친구, `지역 사회 구성원 때로는 사법 당국 관계자들을 이 과정에 참여시키는 데에 중요한 역할을 했다. 이 뉴질랜드 모델은 과정에서의 권한부여empowerment, 문화적 적합성, 합의 방식의 의사 결정, 그리고 회합 시 가족 모임family caucus의 활용을 중요시한다.

가족그룹 대화모임FGC은 뉴질랜드에서 마오리 원주민 청소년들에 대한 소년사법시스템의 과도한 업무부담을 줄이기 위한 방안으로 처음 생겨났다. 가족그룹 대화모임이라는 접근방식은 가족과 지역 사회의 역할을 강조하는 마오리 가치관을 사법시스템에서 받아들인 결과이다.[6] 가족그룹 대화모임은 뉴질랜드에서 1989년에 입법화되었다. 살인 사건을 제외하고는 소년 사건 처리의 표준이다. 가족그룹 대화모임이 시행되고 난 이후에 소년법원 판사들은 사건이 80% 감소하였다고 한다.[7]

가족그룹 의사결정Family Group Decision Making, FGDM

가족그룹 의사결정은 1990년대 중반에 뉴질랜드의 가족그룹 대화모임 모델을 변형하여 받아들인 것으로, 미국에서는 아동복지제도 내에서 널리 사용되어졌다. 가족그룹 의사결정 국립센터National Center on Family Group Decision Making와 미국 인권 사회American Humane Society는 가족그룹 의사결정의 가치를 다음과 같이 설명한다.

[가족그룹 의사결정, FGDM]은 가족이 함께 한 역사, 지혜, 채 발굴되지 않은 자원 그리고 비교할 수 없는 자녀에 대한 헌신을 가족이 가지고 있다는 믿음에 기초하고 있다. 이것은 가족과 친구들로 하여금 자녀들을 위하여 창의적으로 생각하고, 계획을 세우며, 지역 사회와 우호적인 관계를 만들고, 아동복지에 대한 문제를 해결할 수 있도록 가족의 역량을 동원하는 것이다. 또한, 이것은 그들 스스로 만든 계획의 결과에 가족들이 책임을 지도록 하는 초대이기도 하다.[8]

일반적으로 가족그룹 의사결정 절차는 아동복지기관을 통해서 조율한다. 아동복지기관은 아동 학대 또는 방임 사례에 있어서 가족의 자발적인 참여를 적극적으로 이끌어낸다. VOC, 가족 또는 지역사회 대화모임에서와 마찬가지로 준비 모임을 갖는 것이 핵심이다.

준비과정에는 과정에 초대 되어질 수 있는 친척 또는 다른 조력자가 있는지를 확인하는 것은 물론 아동의 안전을 확보하는 것이 포함된다. 또한, 문제를 일으킨 사람들을 포함시키는 것이 중요한데, 그 이유는 해결책을 결정하고 실행하는데 있어서 그들의 참여가 꼭 필요하기 때문이다.

VOC나 가족 및 지역사회 대화 모임에서와 마찬가지로 팔로우업follow-up은 아주 중요하다. 많은 경우 아동의 안전은 아동에게 제공되는 서비스를 면밀히 모니터링하고, 모임에서 결정된 사안에 대하여 의사소통을 하는 기관에 달려 있다. 사건을 검토하거나 협상하기 위한 팔로우업 모임을 열어야 할 때도 있다

서클과정

서클 프로세스는 북 아메리카의 원주민들 사이에 잘 알려져 있는 "토킹 서클talking circle"이라는 전통에서 나왔다. 케이 프라니스Kay Pranis는 『서클 프로세스』라는 책에서 다음과 같이 쓰고 있다.

> 중요한 공동체 이슈를 토의하기 위하여 서클로 모이는 것은 대부분 민족의 부족적 뿌리의 한 부분인 것 같다. 이러한 절차는 지금도 여전히 전 세계 토착민들 사이에 존재하고 있다. 현대 서구 문화를 위한 지혜와 영감의 원천으로서 이러한 전통들을 유지해 온 이들에게 우리는 큰 빚을 지고 있다.[9]

서클 프로세스는 종종 더 많은 사람들이 대화에 참여하게 한다. 참여자들은 이 과정의 가치들을 잘 안다. 일반적으로 대화 모임은 부족에게 상징적인 의미가 있는 물건 이른바 토킹 피스talking piece를 사용하는데, 토킹 피스는 한사람씩 차례로 건네지며, 토킹 피스를

가진 사람만이 말할 권리를 가진다. 써클 키퍼circle keeper라고 부르는 퍼실리테이터는 VOC의 퍼실리테이터와는 다른 훈련을 받는다.

서클은 서유럽에서 보다 폭넓게 사용되고 있으며, 문화적으로 적절한 방식으로 받아들이는 것이 중요하다.

서클은 어디서 사용하는지에 따라 평화 만들기 서클peace making circle, 치유 서클 healing circle, 토킹 서클talking circle, 관심 서클care circle, 학교 서클school circle과 같이 다양한 명칭을 갖는다. 서클들은 아주 많은 전통들이 스며들어 있고, 매우 포괄적이고 강력하기 때문에, 많은 서클 참여자들에게 문화적으로도 상당히 매력적이다. 서클 프로세스는 다음과 같은 신념을 가지고 있다.

- 각 사람은 좋은 방식으로 다른 사람들과 서로 연결되기 원한다.
- 각 사람은 공동체의 귀중한 구성원이며 각자의 신념을 가질 권리가 있다.
- 좋은 방식으로 연결되고 가치에 따라 행동하는 것이 항상 쉽지는 않지만 우리 모두는 좋은 방식으로 서로 연결된다는 것이 무엇을 의미하는지에 대한 핵심 가치를 공유한다. 특히 어려움과 갈등 가운데 있을 때에는 더욱 그러하다.10)

서클이 서구문화에서 폭넓게 사용되는 방식이기 때문에, 단순히 다른 문화의 상징이나 접근 방법을 받아들이기 보다는 자신의 문화에 적절한 방식으로 수정해서 받아들이는 것이 중요하다. 크리솔테욱스 두니 자Cree-Saulteaux-Dunne Zah, 역자 주: 캐나다 인디언의 한 부족 부족의 발 나폴레온Val Napoleon은 인간, 문화, 또는 지역사회를 너무 낭만적으로 바라보는 모습에 대해서 경고한다. 그 이유는 회복적 정의를 통해서 긍정적인 사회 변화를 만드는데 필요한 비판적이고 창의적인 생각을 방해하기 때문이다.[11]

절차에 내재해 있는 가치들

회복적 정의의 틀과 절차가 무엇인지 밝히려는 많은 노력들이 있어 왔다. 내가 일했던 메노나이트 중앙 위원회의 정의와 평화만들기 사무소Office on Justice & Peace building는 다음과 같은 가치 선언문을 채택하고 있다.

- 각 사람은 어느 정도는 저마다의 진실을 가지고 있으므로 모든 사람을 존엄과 존경을 가지고 대해야한다.
- 우리 모두는 자신의 행동에 책임을 져야하며, 이러한 행동에 대해 상호책임을 져야한다.

- 우리 모두는 존재 자체로써 지역공동체의 구성원이 되며, 구성원으로 서로 연결되어 있다.
- 용서는 모든 사람들이 자신의 속도에 맞게 걸어가도록 허용하는 과정임을 인정한다.
- 우리는 적절한 방식으로 그리고 다른 사람들의 행동에 의해 침해를 받은 사람들의 규정에 따라 화해의 기회를 제공한다.

서구사회는 한 개인에 초점을 두기 때문에 때때로 "저맥락low context" 환경으로 불리어진다. "고맥락High context" 환경에서의 주된 세계관은 다른 사람과 하나 되는 것oneness, 그리고 지역사회의 중요성에 초점을 맞춘다. 역자 주, 미국의 인류학자 에드워드 홀[Hall E.]이 제시한 개념으로 의사소통이 직설적인 말에 의하여 이루어지면 저맥락, 의사소통이 그 문화에 속한 사람들의 유사한 경험과 기대를 바탕으로 이루어지면 고맥락이다. 많은 말을 하지 않아도 몇 단어로도 그 문화에서 의미하는 바가 무엇인지 전달될 수 있기 때문에, 단어가 내포하는 문화적 맥락이 높다. "아는 사람은 말하지 않지만 말하는 사람은 알지 못한다"는 일본의 격언은 고맥락 문화권의 특성을 잘 나타내고 있다

이러한 가치들은 각 문화의 법률구조에서도 명백하다. 개인주의가 뿌리내린 서구의 사법 시스템 내에서 각 사람은 다른 사람에게 끼쳐진 자신의 행위에 대하여 책임을 지고 사법 시스템이 피해자를 대변한다. 개인 대 지역사회individual versus community를 강조하는 이

런 대결구도는 많은 비서구 문화권 사람들로 하여금 서구의 사법 시스템을 불신하도록 만든다.

VOC 과정을 이끄는 가치들은 그물망web이라는 맥락 속에서 가장 잘 이해된다. 어떤 절차process나 틀framework이라 할지라도 범죄에 대해 개인적으로 대응하기보다는 더 큰 사회적 이슈나 정의와 연결되어야 한다. 이러한 가치들은 다음과 같이 정리할 수 있다.

- 상호연결interconnectedness

  절차는 영향을 받은 모든 사람을 포함해야 하고, 사회적, 체계적, 영적spiritual, 그리고 개인적 함의를 다루어야 한다.

- 존중respect

  모든 인간은 자신의 행동, 인종, 계층, 성별, 나이, 신념, 성적 지향sexual orientation 또는 사회적 지위와 관계없이 천부적이고 동등한 가치를 가지고 있다. 존중은 듣기, 말하기 그리고 상호 배려와 참여자에 대한 이해를 포함한다.

- 투명성transparency

  가능하다면 동기에 대하여 완전하고 솔직한 이해가 필수적이다.

- 상호책임accountability

  모든 참여자는 절차에 관여하고 참여해야 하며, 자신들의 행위에 대한 책임과 그 행위가 다른 사람들에게 미친 영향에 대하여 책임을 져야 한다. 그리고 필요하다면 자신의 행위를 고쳐야 하는 의무를 진다.

자기 결심 self determination

절차는 모든 참여자에게 권한을 부여 empowerment 해 주어야 한다.

영성 spirituality

절차는 관여한 사람들을 넘어서는 역량을 가지고 있다. 절차는 참여자들을 치유와 변화, 강화된 지역사회에 대한 신뢰를 생성한다. 여기서 설명하는 절차는 노골적으로 종교적이거나 영적이지 않다 할지라도 많은 참여자들은 이 과정을 통하여 영적인 면을 인식한다.

진실 truth

사람들에게 자신의 진실을 말하는 것은 사실 fact 을 발견하는 것보다 더 중요하다. 진실을 말하는 것은 안전하고 따뜻한 분위기 속에서 자신의 경험에 대하여 이야기할 때 일어난다.

VOC는 회복적 정의라는 틀에서 생겨난 여러 가지 대화 과정의 하나이며, 이 장에서 살펴보았듯이 VOC는 범위와 용어에 있어서 계속해서 발전하고 있다.

2. VOC의 참여 동기들

사건은 평일 늦은 밤 한 편의점에서 발생했다. 15살의 스캇 Scott은 두 명의 친구들과 함께 가게에 들어갔다. 그들은 무기를 가지고 나타난 것으로 보였고, 금고의 현금을 요구했다. 주인은 침착함을 유지한 채로 100달러의 현금을 건네 줬다. 소년들은 밖으로 나가서 현금을 나누어 가졌다.

우리가 스캇을 만났을 때 그는 자기 인생의 중요한 전환점을 거치고 있는 중이었다. 고등학교 고졸 검정과정을 마쳤고, 직장과 아파트를 구했다. 현재 17살인 스캇은 이제 자신이 저질렀던 범죄피해자를 직접 대면해서 만나고 싶어 한다. 우리는 가게 주인인 루스Ruth와 네이선Nathan을 만났다. 루스는 여전히 그때 일에 대하여 화가 나 있는 상태였지만 스캇을 만나는데 동의했다.

함께 만났을 때 루스는 스캇에게 먼저 말하라고 했다. 그녀에게는 몇 가지 대답을 듣는 것이 중요했다. 왜 나의 가게를 선택 했느냐? 그 범죄가 그 만큼의 가치가 있었느냐? 범죄가 나에게 미친 충격을 아는가? 생활하기 위하여 지금은 무슨 일을 하는가?

그녀는 그 가게가 우연히 선택되어진 것이고, 그 범죄는 당연히 그 정도의 가치가 없었다는 것을 듣고 나서 크게 안심한 것 같았다. 당시에 스캇은 집에서 쫓겨났기 때문에 스스로 벌어서 생계를 유지해야 되는 형편이었다. 무일푼이었을 뿐만 아니라, 직업을 구할 수도 없었기 때문에 강도 범죄를 저질렀다. 자신의 삶에 있어서 가장 힘든 시기였고 절망적이었다. 당시에는 루스가 사건 이후 겪어야만 했던 고통을 정말로 알 수 없었지만, 그는 그녀의 트라우마에 대해서 어느 정도 상상 할 수 있다고 인정했다.

대화는 자연스럽게 흘러갔다. 루스는 당시에 스캇이 가지고 있던 무기가 단순히 장난감 권총이라는 것을 몰랐다. 그리고 자식들을 고아로 남겨놓게 될 거라는 생각에 두려움으로 온 몸이 마비되는 것을 느꼈었다. 그녀가 살고 있는 곳이 더 이상 안전한 곳이라고 생각할 수 없었다. 그리고 스캇이 더 이상 범행을 저지르지 않으리라는 것을 정말로 알고 싶었다. 스캇은 사과 했고, 더 이상 범죄를 저지르지 않는다는 것을 루스에게 확신시켜 주었다.

루스는 스캇이 만일 감옥에 가게 된다면 직장을 잃게 되리라는 것에 대해서 걱정했다. 요청 받지 않았음에도 불구하고 루스는 스캇의 법원 심리에 참석하겠다고 제안했다. 루스의 증언은 판사에게 감동을 주었고, 판사는 스캇이 직장을 유지할 수 있도록 형의 집행을 유예했다.

양 당사자는 처음 모임에 참석하면서 걱정이 많았다. 스캇은 자신의 범죄 피해자를 대면하는 것이 두려웠다. 그리고 루스는 가해자를 만날 때 자신이 얼마나 화가 날 것인지 그리고 과거의 기억들이 다시 되살아나는 것에 대해서 걱정했다. 그리고 그 누구도 그들이 인간적으로 서로 연결personal connection되리라 기대하지 않았다.[12]

어떤 피해자의 필요는 오직 그 피해를 일으킨 사람에 의해서만 해결될 수 있다.

범죄 피해자가 된다는 것은 종종 파괴적일 뿐만 아니라 상처가 너무 깊어서 삶의 방식을 완전히 바꿀 정도로 사람들에게 영향을 끼친다. 범죄가 경미하든 심각하든 관계없이 그 영향력은 트라우마가 될 수 있다. 피해자는 자신뿐만 아니라 가족, 친구, 그리고 사법제도를 포함한 다른 사람들에게 강렬한 공포, 고립무원감helplessness, 그리고 분노를 포함한 다양한 감정을 경험한다. 일부 피해자들은 자신들을 보호하지 않은 창조주에 대해 의심하면서 믿음의 위기를 경험하기도 한다. 많은 사람들은 그 피해가 자신의 잘못 때문이었는지 끊임없이 질문하고, 통제력을 잃어버린 자신의 삶에 대해 괴로워한다. 결국 이러한 경험은 다른 사람들과의 관계단절isolation로 이어지기도 한다.

범죄에 대한 이런 반응들은 다양한 방법으로 충족되어야 하는 여러 필요들을 만들어낸다. 때때로 가깝든지 멀든지 피해자가 속해 있는 공동체가 안정감과 정의감을 제공할 수 있다. 그러나 어떤 필요는 그 피해를 일으킨 사람에 의해서만 해결되어질 수 있다.

미네소타 대학에 있는 회복적 정의와 평화 세우기 센터Center for Restorative Justice and Peacemaking의 연구자들이 회복적 정의 모임 참여자들의 동기를 조사하기 위해 85개의 기존 연구들을 검토하였다. 그 연구에는 피해자 가해자 조정, 그룹 대화모임, 서클 그리고 다른 지역사회기반 절차에 참여한 사람들이 포함되었다.[13]

피해자가 모임에 참여한 동기는 피해배상금전적인 것과 관계없이을 받고 싶은 욕구, 가해자로 하여금 책임을 지도록 하는 것, 그리고 범죄의 "이유why"에 대해서 더 알기를 원하는 것들이었다. 또한, 피해자들은 가해자들이 피해자의 고통을 함께 느낄 필요가 있으며 가해자들이 재범을 하지 않는다는 확신을 갖기 원했다. 아마도 피해자들에게 가장 중요한 것은 프로그램에 참여하면서 범죄피해자로서 잃어버렸던 힘power과 존경respect을 다시 찾을 수 있다는 믿음의 회복이었던 것 같다. 피해 배상이 피해자 가해자 조정에 참여하는 기본적인 동기였지만 피해자가 가장 가치 있게 여기는 것은 가해자와 대화할 수 있는 기회라는 것이 연구에서 밝혀졌다.[14]

같은 연구에서 가해자들은 왜 자신들의 피해자와 대화하고 싶어 하는지 다양한 이유들을 밝혔다. 많은 참여자들은 대화 과정이 그들로 하여금 범죄를 뒤로 하고 앞으로 나아가도록 도움을 준다고 믿었다. 그들은 피해 배상에 대한 결심과 보상에 대해 말할 수 있었고, 피해자에게 일어난 일에 대해서 대화를 나눌 수 있었으며, 대화의 중요한 측면으로서 그들이 했던 일들에 대하여 사과할 수 있었다고 한다.

오하이오의 피해자 가해자 프로그램에서 나온 다음의 이야기는 이러한 동기들이 어떻게 작용하는지를 설명한다.

열네 살이었던 어느 날 저녁, 존John은 다리 위에서 돌을 던져 다리 밑을 지나가던 작은 트럭의 앞 유리가 깨졌다. 존은 지나가다 사건을 목격한 사람에게 붙잡혔고, 체포되었다.

퍼실리테이터가 피해자인 오웬스Owens를 만났을 때 그는 그 사건이 자신의 생명을 앗아 갈 수도 있었던 충격적인 사건이었고, 그 아이를 만나는 것에 대해서 어떠한 관심도 없다고 했다. 며칠이 지나서 오웬스는 사무실로 찾아와서 자신이 마음을 바꾸었으며 존에게 몇 마디라도 하고 싶다고 했다.

그것은 두 사람에게 중요한 만남이 되었다. 존은 그 사건이 오웬스에게 얼마나 큰 충격을 주었는지 그리고 그가 얼마나 큰 손해를 보았는지 알게 되었다. 피해자에게 트럭을 운전은 신나는 삶이었고 그의 첫 사랑이었다. 그러나 지금 그는 매일매일 두려움 속에 살고 있다. 손해배상 약속의 한 부분으로 오웬스는 존에게 한 달 동안 매주 토요일 아침에 그의 트럭세차를 도우라고 요구했다. 조정은 잘 진행되었고, 오웬스는 그동안 토요일 아침 맺어온 관계를 매우 긍정적으로 여겼다.

그런데 봉사활동의 마지막 토요일에 존이 전화해서 갈 수 없다고 말했다. 그 전날 밤 차 사고로 아버지가 사망했기 때문이었다. 오웬스는 존의 아버지 장례식에 참석했고, 존의 멘토 big brother가 되어주기로 결심했다.[15]

비록 부정적이긴 하지만, 범죄는 관계를 생성한다. 관계의 깨어짐은 범죄에 직접 관여한 사람뿐만 아니라 피해자와 가해자가 속해 있는 가족, 친구, 그리고 공동체에도 영향을 미친다. VOC 내에서 일어나는 대화는 이러한 깨어진 관계를 해결하는데 초점을 맞춘다.

"VOC는 우리가 서로를 대면해서 볼 수 있는 기회와 우리에게 일어난 문제를 해결할 기회를 주었다."

"가해자 또한 인간이라는 것을 알 수 있었기 때문에 피해자로서 내가 가졌던 공포심이 아주 작아졌다"[16]고 말하는 피해자의 말속에 이런 측면이 반영되어 있다.

한편 가해자들은 "피해자를 만난 이후에 내가 그들을 엄청나게 아프게 했다는 것을 이제 알 수 있었다." "조정을 통해서 내가 한 행위들에 대하여 알 수 있게 되었다. 피해자가 정말로 상처를 받았다는 것과 그 사실이 나를 정말 부끄럽게 했다"고 하였다.[17]

다음 이야기는 VOC가 대화모임에 참여하는 피해자, 가해자 모두가 가져야 할 미래에 대한 가능성을 보여준다.

가해자는 지역 소매점의 신발 부서에서 일했다. 그녀가 현금 출납기에서 돈을 훔치는 장면이 비디오에 찍혔고, 보안 담당자 security manager에 의해서 발각되었다.

처음에 가해자는 피해자를 직접 만나고 싶어 하지 않다. 자신이 한 행위에 대해서 매우 수치스럽게 여겼을 뿐만 아니라, 보안 담당자가 자신에게 고함치고, 꼼짝 못하게 하는 것도 무서웠다. 시간이 걸렸다. 어머니와 상의한 후, 만남에 동의했다. 그녀는 소매점 관리자가 화해 조정에 참가할 수 있도록 요청하였다. 이유는 그녀가 관리자와 좋은 관계를 유지했고, 관리자가 "안전한safe" 사람이라고 느꼈기 때문이다.

소매점 관리자 및 보안 담당자와의 만남을 준비하는 동안에 소매점 관리자도 가해자와 직접적으로 일을 해왔기 때문에 개인적으로 피해자처럼 느끼고 있다는 사실이 밝혀졌다. 보안 담당자로 대표되는 회사소매점도 금전적인 손해를 넘어 인간적인 면에서 피해자였다.

가해자가 많이 울었고, 자신의 범죄에 대해서 말하는데 힘들어 했기 때문에, 만남의 첫 부분은 힘들었다. 그녀는 많이 불안해했지만, 양심의 가책에 대해서 설명할 수 있었다. 그리고 보안담당자가 자신이 생각하기에 "야비한 사람mean person"이 아니라는 것에 놀란 것 같았다.

소매점 관리자는 개인적으로 그 사건이 자신에게 얼마나 충격이었는지, 사건 이후로 다른 직원들을 신뢰하는데 얼마나 어려운 시간을 보내고 있는지에 대해서 말했다. 이 말이 가해자에게 아주 큰 영향을 미친 것 같았다. 가해자의 어머니가 이 사건이 자신의 가족들에게 미친 영향에 대해서 이야기 했다.

참여자들은 피해배상에 대해 합의했고, 배상은 그 자리에서 이루어졌다.[18]

3. VOC 절차

이제 VOC와 관련된 절차와 과정들을 보다 자세히 설명하고자 한다. 아래의 그림은 피해자 가해자 모임의 전형적인 절차, 즉 사건의 의뢰부터와 최종 합의, 그리고 팔로우업 만남에 이르는 과정을 보여준다.

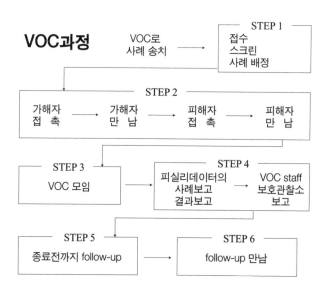

VOC로 사건 의뢰

VOC 사건은 보호관찰소, 경찰관, 청소년 지원 전문위원, 검사, 판사, 학교 또는 지역 사회 단체와 같은 기관으로부터 의뢰를 받는다. 어떤 프로그램들은 한 군데 또는 두 군데의 의뢰 기관들과만 협력해서 일하고, 또 어떤 프로그램들은 사법절차를 진행하면서 관계를 맺는 많은 협력기관으로부터 사건을 받는다. 의뢰절차에 대해서는 관련 기관과 맺은 문서화된 서류 또는 양해각서MOU에 규정된다.

Step 1. 접수, 스크린 그리고 사건 배정

VOC 프로그램으로 사건이 보내지면, 사건 관리 시스템에 입력한다. 가해자에게 편지를 보내 프로그램을 소개하고 이후에 퍼실리테이터가 전화를 할 것이라는 내용을 전달한다. 대부분의 프로그램은 이 과정을 거친 이후에 한명의 퍼실리테이터 또는 공동 퍼실리테이터에게 사건을 배정한다.

사건을 배정받은 퍼실리테이터는 피해자와 가해자의 이름, 주소, 전화번호와 같은 정보가 담겨진 파일을 받는다. 파일에는 사건에 연루된 다른 공범이 있는지 여부와 그들 공범이 나중에 다른 보호관찰관에 의해서 의뢰되어질 수 있는지 여부와 같은 중요한 정보들이 포함될 수 있다. 퍼실리테이터가 모임일정을 잡을 때, 사건과 관련되는 다른 사람의 상태는 피해자와 가해자의 관심사항이다.

대부분의 프로그램들은 가해자와 최초 미팅을 하고 가해자가 절차를 진행하고 싶은지 여부를 판단하기 이전까지는 피해자와 접촉하지 않는다. 과거에는 가해자가 피해자를 만나고 싶어 하지 않는다면 피해자와 접촉하지 않았다. 그러나 최근에는 가해자가 만나고 싶어 하지 않기 때문에 프로그램이 피해자에게 서비스를 제공할 수 없다고 판단하기 보다는 피해자의 필요를 충족시킬 수 있는 다른 방법이 있는지 여부를 확인하기 위하여 피해자와 접촉을 한다.

사건을 의뢰한 기관에서 사건이 VOC에 적합하다고 판단하더라도 프로그램 담당자가 별도로 사건을 스크린screen할 필요가 있다. 스크린은 가해자가 책임져야 할 수준 그리고 피해자 또는 가해자의 관점에서 심각한 문제행동 또는 안전에 문제가 없는지를 확인하는 것이다. 만일 그런 우려가 존재 한다면 사건접수를 거부하거나 특정 주의사항을 붙여서 접수할 수 있다. 퍼실리테이터는 진행되는 이후의 각 단계에서 발생할만한 검토 이슈들에 대해 민감하게 대처할 수 있도록 훈련 받아야 한다.

Step 2. 최초 만남

퍼실리테이터가 가해자에게 처음 전화를 하는 것은 가해자에게 절차에 대해서 설명하는 것과 가해자의 이야기를 듣기 위한 최초의 일정을 잡는 것이 주요 목적이다. 만일 가해자_{가해자가 소년이라면 보호자 또는 법정대리인}가 피해자를 만나는데 동의한다면, 피해자에게도 이 절차를 동일하게 진행한다.

첫 만남에서 참여자들은 양 당사자 합동 모임joint meeting에 자신을 도와줄 만한 다른 사람들을 참석시키기 원하는지에 대한 질문을 받는다. 필요하다면 퍼실리테이터는 다른 조력자들과 함께 만남 일자를 잡는다. 이러한 면대면 만남은 아주 중요하며, 신뢰를 쌓는데 도움이 되고 안전과 절차에 대한 걱정들이 무엇인지 말하고, 대화모임의 역동성dynamic에 대해서도 예측할 수 있다. 일단 모든 참여자가 만나기를 동의한 후에 모임 일정을 정해야 한다. 퍼실리테이터는 모임 장소에 대해 모든 참여자가 동의하는지, 모임 환경이 관련된 모든 사람들에게 안전한 공간인지 확실히 해야 한다.

Step 3. 피해자 가해자 만남

대화모임은 일어났던 일을 탐색하는 시간이다. 조력자들을 포함하여 참여자들은 서로에게 질문하는 것뿐 아니라 자신의 경험과 감정에 대해서 이야기 하도록 격려 받는다.

　대화모임에서 가해자의 피해배상에 대한 합의가 단순한 상징에 불과할 수도 있다는 것을 인정하면서 피해와 손해에 대해 말하기 위하여 필요한 것이 무엇인지 탐색한다. 퍼실리테이터는 어떤 합의 내용들이 프로그램 스태프가 모니터하기에 현실적이고 구체적인지 확실히 해야 한다. 또한, 참여자들은 합의내용이 달성된 이후에, 절차를 확인하고 승인하기 위한 만남이 추가로 필요한지 여부도 상의한다.

Step 4. 결과보고

　대화모임 이후에 퍼실리테이터는 사인한 피해 배상 합의서와 참가자 평가서를 VOC 스태프에게 보고한다. 그리고 퍼실리테이터는 프로그램 스태프와 함께 결과를 검토한다.

Step 5. 팔로우업 Follow-up

　VOC 스태프는 합의 문서를 의뢰기관에 돌려보내고, 배상합의가 이행 되는지 모니터링을 시작해야한다. 이것은 가해자가 합의를 충실히 따르고 있는지와 특별히 종료와 관련하여 문제가 발생한다면 피해자가 관련정보를 계속해서 제공 받고 있는지를 확인하는 것을 포함한다.

Step 6. 팔로우업 만남Follow-up meeting

만약 참여자들이 요청한다면 퍼실리테이터는 가해자가 합의 내용을 완료하고 난 이후라도 최종 만남을 주선한다. 이런 최종 만남은 다분히 의식적ritual이지만 참여자들이 비공식적으로 만나서 합의가 완료되었다는 것을 인정하고, 과정이 종료 되었다는 느낌을 준다. 많은 피해자와 가해자들은 이 과정을 통하여 다른 사람들의 감사표현을 들으며 도움을 얻는다.

만일 최종 만남에 대한 요청이 없다면, VOC 스태프는 가해자가 피해배상을 완료했다는 것을 의뢰기관에 통지한다. 그에 따라 의뢰기관은 이후의 절차를 진행하는데 거기에는 보호관찰 종료 또는 다른 의무의 완료 등이 포함된다.

때때로 VOC의 결과가 사건의 전체 결과에 영향을 줄 수 있다. 예를 들어서 사건이 검찰로부터 다이버전역자 주, 다이버전은 비교적 경미한 범죄에 대하여 공식적인 사법절차를 중지하거나 비공식 절차로 전환하는 제도 또는 프로그램을 의미한다. 훈방, 선도조건부 기소유예, 형의 유예 등이 있다의 형태로 의뢰 되었다면 성공적인 VOC 합의는 기소의 종결로 받아들여질 수 있다. 사건이 법원에서 재판 이후 형 선고 이전 단계에서 의뢰되었다면 판사는 피해 배상 합의를 양형자료로 참작할 수 있다.

　모든 VOC 프로그램의 전체적인 과정이 유사하지만 어떤 특정한 사항은 부분적으로 프로그램의 설계와 관련된 제도에 달려 있다. 사건 의뢰기관이 어떤 곳인지, 누가 최초로 피해자와 가해자를 접촉하는지, 의뢰되는 사람이 소년인지 성인인지 또는 둘 다 인지 여부, 사법절차의 어느 단계에서 의뢰가 이루어지는지 등이 프로그램을 다르게 만드는 변수들이다.

4. VOC 프로그램 설계시의 이슈들

1998년에 하워드 제어Howard Zehr와 나는 피해자 가해자 프로그램에 관심을 가지고 있었던 펜실베이니아 사람들을 위하여 1일 훈련 프로그램을 개발했다. 우리는 프로그램을 설계하기 전에 사람들이 고려해야할 중요한 질문들을 먼저 만들었다.19)

이런 이슈들과 질문들은 일부 업데이트 되었는데, VOC 프로그램이 가질 수 있는 다양한 형태의 아이디어를 제공한다.

무엇이 프로그램의 원동력인가?

프로그램을 시작하는 목표와 이유의 명확성은 프로그램이 나아가야할 방향을 결정하는데 도움이 된다. 프로그램의 목표는 무엇인가? 실행에 대한 결정은 누가 하는가? 지역사회의 모든 중요한 참여자들이 최초단계부터 기획에 참가하였는가? 참고로 이들 중요 참여자들에는 지역사회 믿음공동체 멤버들, 피해자 옹호 단체, 경찰, 보호관찰소 그리고 다른 법 관련 단체들이 포함된다.

사건을 받아들이거나 거부하는 기준은 무엇인가?

대부분의 VOC 프로그램들은 엄격한 기준을 세우기보다는 사례별로 검토 한다. 대부분의 프로그램에서 예외적으로 다루는 것은 가정폭력 사건이다. 왜냐하면 폭력 사이클이 계속 진행 되고 있기 때문이다. 일단 피해자의 안전이 확보되고 나면 일부 프로그램들은 가정폭력의 주요한 이슈, 즉 자녀양육, 자녀접견 그리고 양육비와 같은 구체적인 이슈들에 대해 대화를 시작한다. 그러나 사건을 접수하기 전에 가정폭력 관련 지원기관과의 협의가 필수적이다.

사법 시스템의 어느 단계에서 사건이 의뢰되는가?

대부분의 경우는 가해자가 사법 시스템에 기소되고 난 이후에 이루어지긴 하지만, VOC로 사건을 의뢰하는 것은 시스템의 각 단계에서 가능하다. 성인의 경우에 사건의 의뢰는 일반적으로 유죄가 인정되고 난 이후, 형의 선고 전후에 이루어진다.

청소년의 경우에 의뢰 절차는 훨씬 더 재량적이다. 어떤 경우는 접수할 때 즉시 이루어진다. 대부분은 보호관찰조건부 기소유예 informal probation 또는 다이버전과 함께 이루어지고, 이 경우 정식 재판과정은 생략된다. 어떤 경우는 소년심판의 심리 이후에 이루어지는데, 심리를 하고 나서 가해자에게 보호관찰을 부과할 때 의뢰된다. VOC는 판사 또는 보호관찰관이 추천할 수 있고, 또는 형의 일부분으로 법원에 의해서 처분될 수 있다.

전형적으로 프로그램들은 일단 누군가가 형사절차에 계류하게 되면 사법 절차를 통해서 사건을 넘겨받는다. 이것은 피해자 옹호 단체가 VOC를 가해자 중심적이라고 비판하는 근거이기도 하다. 사건은 교회 또는 학교와 같은 지역사회 기관에서 의뢰하기도 한다.

참석하는 가해자들 모두가 유죄를 인정해야 하는가?

거의 대부분의 사건에서, VOC는 가해자가 참여하겠다고 동의한 이후에 진행된다. 때때로 가해자는 대화모임 동안에 참여자들 사이에서 유용한 대화를 하면서 공식적인 기소 내용과 다른 내용을 인정할 수도 있다.

어떤 VOC 프로그램은 가해자에게 단순히 유죄를 인정하는 것뿐만 아니라 유감을 표명하고 사과할 준비가 되어있는지 묻기도 한다. 그러나 가해자가 후회하고 유감을 표명하는 일은 피해자와 만나, 피해자의 이야기를 들으면서 일어나는 것이 일반적이다. 이런 점에서 VOC는 가해자가 유감을 표명하든 사과를 하든 관계없이 가해자로 피해를 입은 사람과 그 사람이 입은 피해에 대하여 책임을 지도록 하는 최고의 기회로 가장 잘 이해될 수 있다. 퍼실리테이터는 피해자와의 최초만남에서 가해자가 사과할 것이라는 기대감을 피해자에게 심어주지 않는 것이 아주 중요하다.

VOC는 청소년과 성인 사건을 모두 다루는가?

그렇다. 프로그램이 처음에는 청소년을 중심으로 시작했지만 양자를 다 취급한다. 많은 사람들이 이 과정이 청소년들에게 큰 영향을 미치고, 그들이 상습범죄자가 되지 않도록 억제한다고 믿는다. 일부 프로그램에서는 의뢰기관이 어떤 종류의 사건을 의뢰할 것인지 결정한다. 그리고 많은 사람들은 VOC 프로그램이 성인보다는 청소년에게 더 적합하다고 본다.

그러나 VOC 프로그램들이 자신감과 전문성을 입증하게 되면서 성인사건으로 범위를 확장하고 있다. 회복적 정의의 주요 목적인 상호책임을 담보한다면 VOC는 성인과 청소년 모두에게 바람직하다.

이것은 피해자와 가해자 모두에게 자발적인 과정인가?

많은 프로그램에 있어서 대화 절차에 대한 시작 여부는 사실상 피해자가 결정한다. 어떤 절차에 참여하는지에 대해서 피해자는 조금이라도 강요당한다고 느껴서는 안 된다. 피해자들이 대화모임에 참여하기를 꺼리는 것은 지극히 일반적인 현상이다. 그러므로 피해자들의 관심 사항을 듣고 그들이 대화를 진행할지 여부를 결정하는 데 도움을 주기 위해 조심스럽게 준비하는 것이 중요하다.

가해자 참여 정도는 프로그램마다 다양하다. 어떤 절차에 누군가를 강제로 참여시키는 것은 바람직하지 못한 결과를 낼 가능성이 분명하지만, 가해자에 대해서는 어느 정도의 강제성이 요구되기도 한다. 일반적으로 가해자는 자신이 피해를 입힌 사람을 대면하고 싶어 하지 않는다. 많은 사람들이 자신의 피해자를 만나기보다는 차라리 감옥에 가는 것이 더 낫다고 말한다.

"자발적이냐" 또는 "강제적이냐"는 말로 절차의 틀을 정하기보다는 자신이 야기한 피해에 대하여 책임을 지는 방법으로 이 절차에 참여하도록 격려하는 것이 도움이 된다. 만일 상호책임이 앞으로 나아가는 데 매우 중요한 것임을 가해자들이 믿는다면, 훨씬 더 적극적으로 참여할 것이다.

VOC에 누가 참여해하여야 하는가?

피해자 가해자 프로그램의 초창기에는 피해자와 가해자가 주된 참여자였다. 가끔씩 다른 사람들이 초대되어 자리에 앉아 있기도 했지만, 일반적으로 대화모임은 직접 관련된 사람들로 한정되었다. 소년 사건에서 보호자들도 그들이 원할 때만 참여하였다.

이런 이해는 오랜 시간에 걸쳐서 놀랍게 발전해왔다. VOC 프로그램들은 가족그룹 대화모임Family Group Conferences, FGC으로 부터 많은 것을 배웠는데, FGC는 1차 피해자뿐만 아니라 2차 피해자, 예를 들어 가족과 지역사회 구성원들을 포함하여 모든 참여자들이 그 피해를 인식할 수 있도록 의도하였다. 다음 이야기는 가족그룹 대화모임 과정에서 가족과 지역사회의 힘을 설명한다.

여섯 명의 15살 소년들이 야구 훈련을 마치고, 학교 주차장을 가로질러 걸어가고 있었다. 이들은 야구 방망이로 공을 쳐서 주차된 픽업트럭의 유리창을 통과시켜 보기로 했다. 그 트럭의 주인은 전기기술자로 퇴직한 후, 스포츠 팀을 경기에 데려오는 버스운전사였는데, 자신의 차량이 망가진 것을 보고 크게 낙담하였다. 그는 학교에 사건을 신고하였고, 학교는 3주 동안 잭스 아저씨Mr. Jacks의 차량을 누가 부쉈는지 알아내려고 노력하였다.

잭스 아저씨는 마침내 사고를 친 여섯 아이의 이름을 알 수 있었다. 처음에는 부인하였지만 소년들은 결국 자신들의 행동을 인정하였고, 경찰이 관여해야하는 범죄행위라는 말을 듣게 되었다.

사건이 지역의 피해자 가해자 프로그램에 의뢰되었고, 퍼실리테이터가 잭스 아저씨를 만났다. 그는 아이들을 만나는 것을 극도로 싫어하였다. 버스를 운전하는 동안에 자신이 했을 수도 있는 행동 때문에 트럭이 목표물이 되었을 것이라고 믿었기 때문이다. 그러나 퍼실리테이터와의 대화를 통하여 그는 그 아이들을 개인적으로 알지 못했고, 그들이 자신의 트럭을 목표물로 삼았다고 믿을 만한 이유가 없다는 생각에 이르렀다. 그리고 그들이 자신의 트럭을 부술 만한 다른 아무런 이유를 도무지 알 수가 없었다. 마침내 그는 자신의 아들이 조력자로서 그 모임에 같이 참여할 수 있다면 아이들을 만날 수 있다고 동의했다.

첫 접촉은 이번 사건에 때문에 양육권 부모custodial parents를 비난하는 두 명의 계부모step parents를 포함하여 여섯 명의 아이들과 그들의 부모들이 참석한 가운데 열렸다. 그 소년들은 자신의 행동들에 대해 어쩔 줄 몰라하며, 그 행동이 어리석은 것이었다고 인정했다. 그들은 잭스 아저씨를 만나는데 동의하였고, 그것이 절대 개인에 대한 공격이 아니었으며 자신들이 일으킨 손해에 대하여 보상하겠다고 약속하였다.

또한, 소년들은 교감, 학생부 담당교사,학생 중의 한 명은 학생회장이었다 그리고 야구 감독이 모임에 참여하는데 동의하였고 처음에는 회피하는 모습을 보였지만, 결국 자신들의 행동에 책임을 지는 모습으로 모임에 참여하기로 동의하였다. 잭스 아저씨도 자신의 아들과 함께 이들의 모임에 참여하기로 동의하였다.

두 시간 동안 모든 참여자들이 무슨 일이 있었는지 이야기 하였다. 잭스 아저씨와 그의 아들에게는 사실 이 사건이 우연히 일어났고, 소년들은 트럭이 그의 것이었는지도 몰랐다는 사실을 안 것이 중요했다. 잭스 아저씨는 특별히 그 아이들이 집에서 그리고 학교에서 직면해야만 했던 결과들에 대하여 모임에 참여한 다른 사람들로부터 듣는 것에 많은 관심이 있었다. 그리고 그는 소년들의 "치기어린young and stupid" 행동이 그들의 장래에 얼마나 큰 문제를 야기시키는지 인정하였다.

이혼한 아내와 함께 모임에 참여한 한 아버지는 자기 아들이 저지른 잘못에 대해 끊임없이 서로를 비난하는 대신, 아들의 잘못된 행동을 그대로 받아들이면서 서로 더 존중할 필요가 있다는 데 동의했다. 그들은 이 일이 끝나고 난 이후에 계부step-parent와 함께 가족상담을 받기로 의견일치를 보았다.

학교 관계자들은 자신들이 이 대화에 참여한 것이 얼마나 중요한지 알게 되었다. 사실 그들은 사건 목격자가 나오기 전까지 소년들이 "자수하지" 않은 것에 대하여 크게 실망했다. 그러나 아이들이 책임을 지고 결과에 대하여 동의하는 것을 보면서, 합의 내용에는 자신들이 한 행위에 대하여 반 학생들과 팀 동료들에게 이야기하는 것이 포함되어져 있었다 이러한 사건이 다시 발생하지 않을 것이라고 확신할 수 있었다. 이 절차는 학교 선생님들로 하여금 이 소년들을 다시 학교공동체와 야구팀에 받아들이도록 도움을 주었다.

무엇이 조직운영의 기반이 되는가?

1980년대도 초에 대부분의 새로운 프로그램은 지역사회 기반의 비영리 기관이었고, 대부분 신앙공동체의 강력한 지원을 받았다. 많은 프로그램들이 이 모델을 따르고 있지만 일부는 사법시스템과 같은 기반 위에서 운영되기도 한다. 보호관찰과 같은 형사사법시스템 기반을 활용하는 이유 중의 하나는 경제적 이유이다. 또한, 보호관찰 부서에서 프로그램을 시작하는 것은 법원에 더 큰 신뢰를 줄 수 있고, 지역사회 기반의 프로그램이 겪어야 하는 신뢰성 문제를 피할 수 있는 장점도 있다.

보호관찰 부서에 기반을 둔 프로그램은 피해자 옹호단체에게는 균형적으로 보이지 않을 수 있다.

한편 프로그램을 사법 시스템에서 시작할 때에는 고려해야 할 주의점들이 있다. 우선 사법 시스템은 이 프로그램이 추구하는 것과 다른 목표를 가지고 있을 수도 있다는 점이다. 예를 들어서 피해자보다 가해자에게 더 초점을 맞추고, 피해배상을 결정하고 배상금을 징수하는데 더 많은 관심이 있을 수 있다. 피해 배상이 피해자를 위한 중요한 요구임에는 분명하지만 배상에 앞서 피해자들이 이 과정에서 말하려는 다른 필요들이 무엇인지 종종 지나칠 수 있다. 고려해야 될 다른 주의점은 보호관찰로부터 진행되는 프로그램이 피해자 공동체의 시각에서 중립적으로 보이지 않는다는 것이다. 대부분 프로그램에 의뢰되는 사건은 사법 시스템으로부터 의뢰되며, 공동체가 주관할 때조차도 피해자들은 피해자 가해자 프로그램을 사법 시스템의 단순한 한 구성부분agent일 뿐이라고 종종 느껴왔다. 사법 시스템 내에서 운영되는 이들 프로그램은 이러한 인식을 재강화한다.

　지역사회에 기반을 둔 프로그램의 장점은 사건에 대하여 그들만의 독립적인 기준을 세울 자유가 있다는 점이다. 이들은 사건을 거부할 수도 있으며, 사법 시스템 속에서 운영될 때는 훨씬 어려울 수 있는 비밀유지가 필요한 특정 정보도 다룰 수 있다. 전반적으로 사법 시스템에 기반을 둔 프로그램 보다 지역사회 공동체를 기반으로 한 프로그램이 더 선호된다.

　프로그램이 사법 시스템 내에서 운영될 때 예산조달이 훨씬 안정적이다. 계속해서 예산을 모금할 필요가 없고, 다른 행정적인 부담도 줄어든다. 그러나 현실적으로는 이러한 프로그램들은 전체 시스템에서 수사, 기소 등의 본연의 업무와 비교하였을 때 이차적인 업무이며, 따라서 예산 삭감에 취약하다.

누가 감독 하는가?

지역사회의 주요 이해당사자로 구성된 그룹은 조직운영을 처음 시작할 때 기반을 제공하는 것뿐만 아니라 프로그램의 발전을 위하여 지속적으로 지원해야 한다. 피해자 옹호 단체의 비판 중의 하나는 프로그램을 시작할 때 한번 대화모임에 초대하였을 뿐, 처음 설계단계에 포함되지 않았다는 것이다.

프로그램이 지역 사회 내에 있는 모든 사람을 도우려고 한다면 다른 그룹, 예를 들어 피해자 지원단체victims services, 강간 또는 가정폭력 센터 담당자rape and domestic violence center directors, 보호관찰소장, 판사, 변호사, 검사, 그리고 경찰과 같은 단체가 처음 설계단계부터 포함되어져야만 한다. 이들 그룹은 프로그램의 조직적 기초, 계속되는 전략 기획, 그리고 실천과 관련된 의사결정에 아주 중요하다.

누가 퍼실리테이터가 되는가?

어떤 프로그램은 대화를 진행하기 위하여 훈련받은 스태프만 허용하기도 하지만 대부분의 프로그램은 훈련받은 지역사회의 자원봉사자들을 활용한다. 훈련받은 지역사회 자원봉사자를 활용하는데에는 많은 장점이 있다. 한편으로 훈련된 스태프를 활용하는 것은 참여자들과의 일정을 조율하는데 있어서 유연성을 주기 때문에 훨씬 편리한 면이 있고, 봉사자를 활용하는 것은 범죄문제에 있어서 지역사회의 참여를 강화시키는 장점이 있다.

지역사회 자원봉사자들의 기본 관심사는 지역사회의 결속력을 증진시키는 것이다.

지역 사회 자원봉사자를 퍼실리테이터로 활용하는 것은 피해자와 가해자로 하여금 그들이 지역사회의 지지를 받고 있다는 느낌을 준다. 지역사회 자원봉사자들은 사법 시스템 내에 있는 당사자들과는 다른 이해관계를 가지고 있다. 시스템 내에 있는 사람들은 피해자 또는 가해자들로부터 의심을 받을 수도 있다. 그러나 지역사회 자원봉사자들의 기본 관심사는 지역사회의 결속력을 증진시키는 것이다.

이것이 사법 시스템 내에서 일하고 있는 사람들의 중요성을 과소평가 하는 것은 아니다. 그러나 많은 사람들이 VOC 프로그램의 이러한 유익을 믿기 때문에 이 프로그램을 선택해왔다. 그러므로 피해자의 퍼실리테이터에 대한 기존인식에 유의하며, 프로그램 착수 단계부터 이러한 이슈를 언급하는 것이 중요하다.

퍼실리테이터는 어떻게 훈련받고 감독받는가?

훈련training의 내용은 무엇이고 또 훈련기간은 얼마나 되며, 어떤 훈련모델이 가장 좋은가에 대한 이야기들은 현장에서 자주 나누는 대화내용이다.

피해자 가해자 영역에는 자격증을 위한 표준화된 훈련이 없다. 하지만 "세계 피해자 가해자 조정 협회VOMA"가 수년 동안 24시간 의 기초적인 피해자 가해자 조정 훈련을 연례회의annual conference를 통해서 제공하고 있다. 이 훈련은 회복적 정의 철학, 피해자 가해자 인식과 민감성 문제, 피해자 가해자 조정의 위험성과 유익, 대화기 술, 갈등 해결 기술, 조정자의 역할, 피해자 가해자 사이의 대화 과 정 소개 등을 포함한다. VOMA는 프로그램을 운영할 수 있는 교 수요원trainers에 대한 데이터베이스를 관리하고 있다.

VOC 프로그램은 평균 9시간에서 40시간의 자원봉사자 훈련을 제공한다. 대부분 훈련기간은 프로그램의 퍼실리테이터 경험 수 준에 의하여 결정된다. 시간과 예산의 제한이 따르지만 계속해서 VOC 근무자를 위한 연수를 한다. 어떤 주state는 조정을 위한 자격 요건이 있는데 이 경우 필요한 훈련 시간이 정해져 있다.

대부분의 피해자 가해자 그리고 지역사회 조정 프로그램에 있어 서 예산과 인력의 문제는 끊임없는 과제이다. 따라서 조직들이 서 로 결합하거나 동일한 자원봉사자를 활용하기도 한다. 프로그램간의 유사점도 있지만 차이점도 반드시 알아야 한다. 차이점은 사용되는 용어에 명백하게 드러난다. 예를 들어 지역사회 조정에서 참여자는 분쟁자disputants로 불리어진다. VOC에서 범죄offense를 분쟁dispute으로 말하는 것은 피해자에게 부적절할 뿐만 아니라 모욕적일 수 있다.

퍼실리테이터의 역할은 무엇인가?

퍼실리테이터는 VOC의 과정에서 결정적인 역할을 한다. 스크린 이슈들에 민감해야 되는 것 이외에도 퍼실리테이터는 참여자들과 신뢰를 형성해야 한다. 뿐만 아니라 그들을 위한 안전한 공간을 만들고, 모든 과정을 안내하며, 현실적이고 적절하도록 합의사항을 보증해야 한다.

퍼실리테이터는 참여자들이 합의에 이를 수 있는 공간을 창조하는 일을 한다.

퍼실리테이터는 합의를 이끌어내기 위한 중재자도 아니고 판사도 아니다. 오히려 참여자의 합의에 도달할 수 있도록 공간을 만들어내는 일을 해야 한다. 퍼실리테이터는 한쪽 편을 들거나 선입견을 보여서는 절대 안된다. 조정mediation 영역에서는 퍼실리테이터를 "중립적neutral"이라고 한다. 그러나 많은 VOC 사건은 명백하게 다른 사람에게 해를 끼친 사람과 연관되어 있고, 그 어떤 사람도 사건에 대하여 중립적일 수 없으며, 중립적이어서도 안된다. 강력범죄에 있어서 대화영역을 개척한 데이브 구스타프슨Dave Gustafson은 퍼실리테이션을 중립이 아니라 "균형 잡힌 불공평balanced partiality"이라고 말한다.

VOMA는 퍼실리테이터를 돕기 위해 모임에서 모든 참여자의 필요를 충족시킬 수 있는 "추천 윤리 지침recommended Ethical guide-lines"을 개발하였다.20) 지침 원칙은 감정적으로 긴장된 환경 속에서 의미 있는 대화를 촉진할 수 있는 환경을 제공하고, 지위와 권력status and power을 중화시킬 수 있는 "적절한 구조"를 만드는 것이다. 예를 들어서 중립적인 제3자 퍼실리테이션, 절차, 가이드라인, 현장에서 정하는 규칙ground rules, 의도적인 좌석배치 등이 포함된다.21)

이러한 지침은 어떤 문화적 맥락에서는 적절하지 못할 수 있다. 그러나 이것들은 피해자와 가해자 사이의 과정을 촉진하는데 도움이 되고, 퍼실리테이터가 피해자 가해자 절차를 준비하고 시작하는데 중요한 도구이다. 제1장에 소개한 가치들은 퍼실리테이터 역할의 근간이다.

공동 퍼실리테이션의 장점과 단점은 무엇인가?

공동 퍼실리테이션은 필요한 눈과 귀가 하나씩 더 는다는 장점이 있다. 특별히 모임의 참여자가 많을 때 한명은 절차를 이끌고, 다른 한명은 참여자들의 반응을 관찰할 수 있어서 도움이 된다. 공동 퍼실리테이터는 함께 대화모임 과정을 기획하고, 함께 종료를 보고하며, 모임이 끝난 이후 서로에게 피드백을 제공한다. 공동 퍼실리테이션은 경험이 부족한 퍼실리테이터가 단독으로 대화 모임을 이끌기 이전에 숙련된 사람을 보고 배울 수 있다. 공동 퍼실리테이션은 사건과 관련하여 성별, 연령, 인종, 또는 다른 역동적인dynamic 인구 사회학적 균형을 맞출 때에도 요긴하다.

그러나 공동 퍼실리테이션에는 단점도 있다. 참여자의 수가 늘어나면서 모임 일정을 잡는 것이 번거로워진다. 때때로 공동 퍼실리테이터들 간의 관계가 충분히 형성되지 않아 모임이 힘들어질 수 있다. 희망하기는 퍼실리테이터들이 모임을 끝내면서 서로의 경험을 통해 배우는 시간이 될 수도 있다. 공동 퍼실리테이션의 또 다른 단점은 자원봉사자의 부족이다. 이러한 이유로 많은 프로그램들이 어쩔 수 없이 한 명의 퍼실리테이션 모델을 사용한다.

심각한 폭력범죄와 연루된 사건은 발생한 피해의 특성과 심각성 때문에 대부분 공동으로 퍼실리테이션을 한다. 심각한 폭력범죄와 관련된 사건은 제5장에서 더 논의할 것이다.

누가 피해자와 가해자에게 연락하는가?

VOC의 초기에는 퍼실리테이터가 피해자 가해자 모두에게 연락하였다. 최초의 연락이 대화모임을 진행하는 과정에서 아주 결정적인 신뢰 수준을 만든다는 믿음 때문이었다. 많은 프로그램들이 지금도 퍼실리테이터로 하여금 피해자와 가해자에게 최초의 전화를 하도록 한다. 물론 이는 프로그램 안내 책자를 보낸 이후에 이루어지는데, 이 안내 책자에는 퍼실리테이터가 그들에게 전화를 할 것이라는 내용이 담겨져 있다.

피해자와 가해자에 대한 최초의 전화연락은 쉬운 일이 아니다. 많은 자원봉사자들의 경우 통화 중에 발생하는 많은 질문에 답변할 충분한 준비가 되어 있지 않을 수 있다. 그런 이유로 몇몇 프로그램은 VOC모임 약속을 확실히 하기 위하여 스태프로 하여금 최초 접촉을 하도록 한다. 그 이후에 퍼실리테이터가 일정을 정하기 위해 접촉한다.

세 번째 접근 방법은 스태프가 최초 전화연락을 할 뿐만 아니라 만남 일정도 잡고 난 이후에 해당 시간에 활용 가능한 퍼실리테이터를 배정하는 것이다. 많은 사례를 담당하는 프로그램에서는 스태프가 피해자와 가해자를 최초로 접촉한 다음에 퍼실리테이터를 양 당사자 합동 모임에 참여하도록 한다. 몇 가지 문제가 있기는 하지만 이 접근방법은 많은 케이스 특히 경미한 범죄와 관련된 사례를 처리하는데 효과적이라고 여겨진다.

비밀보장은 어떻게 처리 되는가?

비밀보장은 복잡한 이슈이며 전체 과정에 신뢰를 확보해야하므로 세심한 주의가 필요하다. 일반적으로 퍼실리테이터는 법률에 의하여 강제되는 특별한 상황 외에는 비밀을 유지하여야 한다. 예를 들어 자신의 사건이 아닌 다른 사건의 지역사회 조정자로 활동하는 보호관찰관은 조정과정 동안에 가해자가 다른 범죄를 인정한다면 이를 보고할 법적 책임이 있다.

비밀유지는 모든 참여자에게 적용된다. 모임에서 만들어진 합의서가 금지하지 않는다면 어떤 프로그램은 참여자들에게 비밀을 유지하겠다는 합의문에 사인하도록 한다. 어떤 주는 법률로 조정절차에 대한 비밀보장을 하고, VOC 프로그램에 조정과 관련된 문구를 포함하도록 하고 있다.

합의는 어떻게 모니터링 되는가?

합의에 대한 적절한 모니터링은 필수적이다. 일반적으로 피해자 가해자 과정에서 합의가 이루어지기 때문에 의뢰기관보다 피해자 가해자 프로그램이 이 역할을 담당한다. 또한, 의뢰기관은 자원도 부족할 뿐만 아니라 이것을 효과적으로 수행할 의지도 거의 없다. 합의사항의 경과를 모니터링하지 않는 것은 VOC 과정의 목적을 손상시킨다. 가해자가 책임을 지지 않게 되면, 피해자는 재피해자화re-victimized 된다.

합의 문안에는 합의가 어떻게 이루어져야 하는지에 대한 구체적인 지시사항이 포함된다. 합의 내용이 구체적일수록 퍼실리테이터는 쉽게 모니터링 할 수 있다. 따라서 합의 문안은 언제 그리고 어떻게 피해 배상이 이루어지는지를 구체적으로 규정하여야 한다. VOC 스태프는 정기적으로 피해자와 가해자를 접촉하여 합의가 지켜지도록 한다. 조건이나 기한이 다시 협상되어져야 할 필요가 있다면 참여자들이 다시 만날 수 있다. 어떤 프로그램들은 참여자들을 모두 함께 초청해서 합의가 완료되어진 것에 대하여 짧은 마무리 행사를 하고, 그것이 마지막 단계임을 알려 준다.

피해자 가해자 만남이 이루어지지 않았을 때 또는 합의가 이루어지지 않았을 때 어떻게 하는가?

일반적으로 참여자가 만나지 않겠다고 결심을 하면, 사건은 만남이 이루어지지 않았다는 내용의 보고서와 함께 의뢰기관으로 되돌려 보내진다. 피해자 측에 있어서 이는 자발적인 과정이기 때문에 그 정보가 장래의 절차를 위하여 아주 중요하지 않다면 만나지 않는 이유에 대하여 기술할 필요가 없다. 그리고 면대면 만남 이외의 방법을 통하여 성공이 이루어질 수도 있기 때문에 피해자 또는 가해자의 이익을 위하여 프로그램이 취할 수 있는 조치를 결정하는 것이 중요하다. 어느 한 당사자가 프로그램이 도울 수 있는 다른 필요를 가지고 있는가?

만약 만남이 이루어지고도 합의를 이루지 못했다면, 피해자에게 계속 알려 주는 것이 중요하다. 당사자들은 앞으로의 절차를 상의하기 위하여 다시 만날 필요가 있을 수 있다. 또한, 의뢰기관에도 합의사항의 변경이 있다면 계속해서 알려주는 것이 중요하다.

다행스럽게도 경험에 의하면 대부분의 대화모임은 합의에 도달한다. 더욱이 피해배상을 완료한 비율은 법원이 명령한 것에 비해 월등히 높다.

가해자에 의한 금전적 배상은 어떻게 이뤄지고, 피해자에게는 어떻게 지급 되는가?

이 절차는 프로그램마다 다양하며 참여자, 의뢰기관, 프로그램이 허용하는 만큼 창의적일 수 있다. 금전 배상은 적절한 문서에 따라 피해자에게 직접 지불될 수 있고, 양 당사자 합동 모임에서 이루어질 수 있다. 어떤 프로그램은 가해자로부터 돈을 받아서 약속한 날짜에 맞추어 피해자에게 지급한다. 보호관찰소가 의뢰기관일 경우, 배상금은 피해자에게 전달되기 전에 문서 처리를 위하여, 보호관찰 모금기관probation collection office으로 간다. 핵심은 모든 참여자가 지급절차가 어떻게 되는지 명확히 알아야 한다는 것이다.

모든 피해 배상은 금전적이어야만 하는가?

피해배상이 때로는 상징적이라는 것을 아는 것이 중요하다. 어떤 것으로도 결코 피해자가 느끼는 침해에 대한 감정을 완전히 보상할 수는 없다.

피해자들은 가해자들이 빼앗아간 자신의 삶의 조각을 가해자들로부터 되돌려 받을 수 있는 방법이 있는지를 탐색한다. 때로 피해자들은 가해자가 자신을 위하여 또는 사회를 위하여 일하는 방식을 선택하기도 한다. 피해자와 가해자가 사건 이전부터 관계를 가지고 있었다면 때로는 앞으로의 행동과 관련된 합의가 피해배상의 부분이 되기도 한다. 어떤 사례에서나 프로그램 스태프는 계약조건을 안내하고, 그들을 어떻게 모니터링하며 이행과정을 감독할 것인지에 대하여 구체적으로 정할 필요가 있다.

어떤 종류의 보고서가 만들어지고 또 누구에게 보고하는가?

일반적으로 의뢰기관은 피해에 대한 가해자의 인정과 합의의 구체적인 내용이 기술되어 있는 합의문서 사본을 제출 받는다. 퍼실리테이터가 작성한 대화모임과 관련된 기록들은 비밀 유지를 보호하기 위하여 파쇄한다.

지금까지 설명한 내용은 피해자 가해자 대화 프로그램을 시작할 때 고려해야 하는 이슈들이다. VOC 프로그램을 운영하는 방식에 폭넓은 유사성이 있지만 이 이슈들을 어떻게 해결하느냐에 따라서 차이점들이 생겨난다.

5. VOC와 강력범죄

만남 준비를 시작한지 7개월이 되었다. 그것은 긴 여정이었다. 그를 만나기 바로 전 마지막 대화모임에서 이런 생각을 했다. "내가 테이블을 넘어가서 그 사람 목을 조르지는 않을까?", "나는 침착하고 차분하게 있을 수 있을까?" 그를 만나기 바로 직전에 나는 너무나 초조했었다. 내가 왜 이 짓을 하지? 그렇게 나는 지금 내 어머니, 이제 다시는 만날 수 없는 내 어머니를 죽인 사람의 얼굴을 보러 가고 있다.

처음에 나는 어떻게 반응해야 할지 몰라 그를 쳐다 볼 수가 없었다. 나는 초조함을 넘어서 공황상태에 빠졌다. 내가 그를 만날 수 있다고 생각한 것이 어리석었나? 내가 지금 여기 생존자로 있다는 것조차 믿기 어려웠다. 그의 얼굴을 똑바로 바라보기가 정말로 어려웠다! 아마도 나는 내가 보이는 반응 자체를 두려워하고 있는지도 모른다. 그러나 내가 잘 견뎌낼 수 있다는 것도 알고 있었다. 나는 변화, 좋은 변화를 맞이할 준비가 되어 있었다.

그와 함께 접견실로 들어갔을 때, 내가 생각했던 것만큼 나쁘지 않았다. 마침내 내가 그를 바라보았을 때, 잔인한 짓을 했던 한 사람이라는 것을 알 수 있었다. 그리고 한편으로는 그를 정말로 다시 바라봤을 때 그 와의 만남이 더 쉽고 더 부드러워졌다.

만일 내가 복수심에 가득 찼더라면 그에게 다음과 같이 말하는 것이 더 쉬웠을 것이다. "어떻게 그런 일을 할 수 있었어요?" 그러나 나의 마음은 그런 상태가 아니었다. 나는 내가 예상했던 것보다 더 침착했고, 예상했던 것보다 더 적게 울었다. 나는 자신이 저지른 일에 대해 전혀 아랑곳 하지 않고, 후회도 하지 않는 사람을 상상했었다. 그 사건이 발생했을 때 그는 어린 아이였고, 그 일을 완전히 잊어버렸을 수도 있었기 때문에 나는 그가 관심이 없을 것으로 예상했다. 그러나 사실 그는 아주 이해심과 배려가 있었다.

대화가 진행되면서 우리는 서로에 대해서 그리고 서로의 가족에 대해서 알게 되었다. 나는 사진들을 가져가서 그에게 보여줬는데 그는 어머니와 아이들 사진을 통해서 내가 어떻게 살았는지 알 수 있었다. 나는 정말 평생 동안 그를 정말로 미워해 왔고 그런 복수심을 없애기 위해서 그와 이야기하러 왔다. 내가 다시는 경험할 수 없는 소중한 것을 그가 빼앗아 갔다는 사실을 그가 알기를 원했다. 그는 나와 나의 가족으로부터 어머니의 사랑을 빼앗아 갔다. 내 인생에서 내가 선택한 것 때문에 그를 비난할 수는 없지만 그가 했던 선택은 정말 잘못된 것이었다. 전혀 알지 못했던 한 여자를 살해한 그 행동에 대하여 책임을 받아들일 필요가 있었다.

그 자리를 떠난 후에 나는 어깨에서 짐이 벗어져 나가는 것을 느꼈다. 그동안의 텅 빈 공허감이 채워졌고, 분노가 줄어들었다. 나는 여전히 그 살인사건이 발생했다는 것에 대해서 화가 났지만 당시에 무슨 일이 발생했는지를 아는 사람과 대화할 수 있는 기회를 가질 수 있었다. 만약 사람들이 분노의 감정을 가지고 걸어간다면 아마도 어디에도 갈 수 없을 것이다. 왜냐하면 분노는 눈을 가리기 때문이다. 당신이 말하고 싶은 것이 아니라 이 사람이 말하는 것을 듣고 싶어 해야만 한다.

대화에서 가장 힘든 부분은 그가 무엇을 했고, 어떻게 했는지에 대한 살해 장면을 듣는 것이었다. 누구도 나에게 그것에 대해서 이야기해 주지 않았지만 이제 나는 살해 현장 그곳에 있었던 그 사람과 이야기하게 되었다. 오직 이 사람만이 나에게 진실을 이야기해 줄 수 있었고, 나는 그의 말을 믿을 수 있었다. 그는 자신이 했던 것을 인정했다. 내가 문 밖으로 걸어 나갈 때 나는 그동안 갖고 있던 분노를 놓아 보낼 수 있었다. 나는 나를 위해서 뭔가를

하고 있다고 생각했으나 또한 그를 위해서도 뭔가를 했다는 것을 알 수 있었다.[22)]

쇼나 로빈슨Shonna Robinson의 이야기는 살인과 같은 강력범죄의 경우에 VOC를 사용할 때 일어나는 능력과 복잡성에 대하여 보여주고 있다. 적어도 어떤 사람들에게 있어서 "상대방the other"과의 만남이 많은 이익을 가져다준다. 그러나 이런 만남을 주선하는 것은 특별한 훈련, 준비 그리고 이런 수준의 피해와 트라우마를 다룰 수 있는 안전장치가 필요하다.

강력범죄 사건에서의 VOC 퍼실리테이션은 특별한 훈련, 준비와 안전장치가 필요하다.

미국에서는 1993년 공식적으로 프로그램이 시작 된 이래, 살인, 살인미수, 성폭행, 강간, 무장 강도, 그리고 다른 심각한 피해를 입힌 강력범죄에 있어서 피해자와 가해자 간의 대화가 계속 있어왔다. 캐나다의 경우는 브리티시 콜롬비아British Columbia의 랭리Langley 지역사회정의협회Community justice Initiatives의 피해자 가해자 조정 프로그램의 노력 덕분에 좀 더 긴 역사를 가지고 있다. 현재 캐나다 주정부뿐만 아니라 최소한 미국의 21개의 주에서 이러한 프로그램을 시행하고 있으며, 그 숫자는 계속 증가하고 있다.

강력범죄와 관련된 대화모임은 대부분은 교도소 내에서 이루어지고 있는데, 이는 대부분 강력범죄자들이 장기 수형생활을 하고 있으며, 때로는 종신형으로 복역하고 있기 때문이다. 현재 대부분의 프로그램은 가해자보다는 피해자가 이 절차를 시작하도록 요구한다. 그러나 캐나다는 대부분의 사례를 기관에서 주도적으로 진행하고 있다.

강력범죄자와 대화하기 위한 많은 프로그램들은 대기자 명단을 가지고 있는데, 이는 더 많은 피해자 또는 생존자가 자신에게 또는 사랑하는 사람에게 해를 가한 그 상대방과 만날 수 있는 기회를 요구하고 있기 때문이다. 피해자와 생존자들이 이런 프로그램에 참여하기 원하는 데는 아주 다양한 이유들이 있다. 강력범죄 만남 프로그램과 관련하여 4년 동안 시행한 연구결과는 피해자들이 대화에 참여하는 공통된 이유를 다음의 네 가지로 밝히고 있다.

- 정보를 구하기 위하여
- 가해자에게 그가 한 행동의 피해를 보여주기 위하여
- 그 범죄에 책임이 있는 사람과 인간적인 접촉을 갖기 위하여
- 치유 과정을 진행하기 위하여23)

가해자에게 있어서도 프로그램에 참가하는 것은 자발적이지만

대부분 이런 만남에 대하여 정말로 동의한다. 같은 연구에서 밝힌 가해자들의 참여 동기는 다음과 같다.

- 사과하기 위하여
- 피해자의 치유를 돕기 위하여
- 자신의 재활과 치유를 위하여
- 피해자가 자신을 바라보는 시각을 바꾸기 위하여[24]

강력범죄에 있어서 VOC의 특별한 속성

1. 사례 준비는 특별히 더 길고, 더 집중적이다

주도면밀한 준비는 가해자 피해자 대화 과정에 있어서 결정적인 요소이며, 6개월에서 2년까지 걸릴 수 있다. 퍼실리테이터는 가해자와 피해자가 함께 만나기로 결정하기 전에, 따로 여러 차례 가해자와 피해자를 만난다.

면대면의 만남은 특별히 높은 수준의 감정강도emotional intensity 때문에 준비기간 동안 피해자와 가해자, 보조자와 퍼실리테이터 등 참가하는 모든 사람들을 위한 적절한 준비와 지원이 필요하다.

반면에 지역사회에서 의뢰한 사건의 경우 피해배상, 환경 조정,

형 선고, 보호관찰, 석방 등과 같은 현안과제들 때문에 준비기간이 상대적으로 짧다. 대부분 이들 사례에서 피해자는 가능하면 **빨리** 해결책에 이르고자 한다.

2. 절차는 피해자가 시작한다

강력범죄와 연루된 사건은 기본적으로 피해자가 시작하고, 형이 선고된 이후 여러 해가 지난 후 시작하므로 법적 결과에 대해서는 고려할 필요가 없다. 간혹 피해자가 접촉을 시도했을 때에 가해자는 구속된 상태에서 항고가 진행 중일 때가 있다. 가해자가 어떤 항고를 했는지 여부가 피해자에게 통지되면서 사건이 진행되어야 한다.

3. 퍼실리테이터를 위한 사전 심화훈련은 필수적이다

훈련은 전통적인 지역사회에 기반을 둔 피해자 가해자 대화 모델의 기술적인 면을 능가해야 하고, 가해자 혹은 수감자의 경험뿐만 아니라 범죄로 인한 트라우마에 대한 이해도 포함되어 있어야 한다. 전통적인 **VOC** 모델 훈련에는 퍼실리테이터에 대한 강력범죄 훈련이 포함되지 않는다.

4. 교도소 직원들과의 협력은 또 다른 차원의 복잡성이 더해진다

대부분의 만남이 교도소 내에서 이뤄지기 때문에 사법기관과의 좋은 관계 특히 주립 교도소와의 관계는 프로그램의 성공에 핵심적인 요소로 작용한다. 이는 많은 강력범죄 대화 프로그램이 사법 시스템에 부설된 피해자 지원 기구에 의해서 운영되는 이유 중의 하나이기도 하다.

5. 퍼실리테이터는 일반적으로 자원봉사자보다는 훈련된 스태 프가 담당한다.

일반적으로 스태프는 가해자의 치료, 피해자의 트라우마 회복과 관련하여 고도의 훈련을 받는다. 이것은 특별히 피해자와 그들의 가족 구성원들을 위하여 집중적이고, 때로는 장기간의 팔로우업 서비스를 제공하는 치료 중심의 프로그램에서는 더욱 그렇다. 그러나 어떤 프로그램들은 좋은 성과를 내는 자원봉사 퍼실리테이터를 활용한다. 여전히 다른 프로그램들은 팔로우업서비스를 제공하기 위하여 기관 또는 지역사회 자원을 활용한다.

프로그램 모델

대부분의 프로그램은 아래의 세 가지 모델 중의 하나를 따른다.

1. 치료 모델therapeutic model은 치유에 집중하고, 고도로 훈련받은 퍼실리테이터를 활용한다.

예를 들어서 텍사스 프로그램은 "강력범죄 피해자의 치유와 회복을 촉진하기 위하여 안전한 공간에서 그들이 가해자를 면대면으로 만날 수 있는 구조화된 기회를 제공하고 있다."[25]

이러한 프로그램은 회복절차에 참여하는 참여자의 회복을 돕기 위하여 일기쓰기journaling와 같은 피해자와 가해자를 위한 광범위한 준비가 포함되어 있다. 조정 이후의 팔로우업도 집중적이고, 계속해서 진행된다. 퍼실리테이터는 조정 이후에도 일부 참여자와의 만남을 수개월 또는 수년 동안 계속한다. 사례가 실제적으로 종료되어도 결과는 불확실 할 수 있다. 텍사스 프로그램은 지역 사회 자원봉사자들을 훈련하고 있지만 공동 퍼실리테이터 모델을 사용하는 다른 프로그램들과 달리 많은 사건들을 스태프에 의한 단독 퍼실리테이터에게 맡긴다.

2. 내러티브 또는 스토리텔링 모델narrative or storytelling model은 각 참여자들이 범죄의 충격에 대하여 말하도록 초청한다.

내러티브는 퍼실리테이터의 지도가 거의 개입되지 않고, 오직 참여자에 의하여 결정된다. 면대면 만남의 핵심은 참여자들에게 안전하고 존중받는 환경에서 대화할 수 있는 기회를 제공하는 것이다. 이들 프로그램은 피해자와 가해자를 위하여 안전하고 협력적인 절차를 만드는데 중점을 두고, 치료적인 차원에는 관심에 적다.

3. 권한부여 모델empowerment model은 대화를 시작하는 참여자의 동기를 중요하게 본다.

예를 들어서 오하이오와 펜실베니아 VOC 프로그램의 핵심은 피해자와 가해자들에게 권한을 부여하여 자신들의 필요가 무엇이며, 이러한 필요를 충족시킬 수 있는 절차를 찾아내도록 돕는 것이다. 이 프로그램에서 대화의 목적은 상처를 치유하거나 슬픔을 제거하는 것이 아니라 참여자들을 도와 치유를 향하여 앞으로 나아가도록 하는 것이다.[26]

이들 모델 중에 어떤 것도 다른 것들 보다 더 "옳다right"고 말할 수 없다. 보다 더 많은 주와 지방에서 강력범죄에 대한 대화모임을 진행하고 있기 때문에 프로그램들을 통해 서로 배울 수 있다. 모든 모델들의 공통점은 피해자와 가해자 모두가 안전하고 존중 받을 수 있는 과정을 만들기 위한 헌신이다. 어떤 참여자에게도 강제하지 않고 피해자와 가해자에게 유익을 제공하는 것이 모두의 목표이다.

24년 전에 자신을 강간했던 남자를 만난 한 여성의 이야기다.

나의 희망은 24년 동안 완전히 묻어두었던 감정을 해소하기 위한 기회의 장소venue를 갖는 것이었다. 강간을 당하는 그 순간에 나는 살아있다는 것에 감사했다. 그리고 대학에 돌아가서 나의 삶을 계속했다. 그러나 나의 트라우마를 결코 해결할 수 없었다. 나에게는 지금 정말 끝도 없이 많은 질문에 대한 대답이 필요하다. 또한 내가 그를 용서했다는 것을 가해자에게 말하고 싶었다.

사건이 있던 날 밤, 가해자의 얼굴을 확실히 보지 못했기 때문에 가해자의 현재사진을 보여 달라고 했다. 사진을 처음 보았을 때 두려움과 역겨움이 나를 관통하는 것 같아서 사진을 커피 테이블에 집어던지고 말았다. 그것은 24년 동안 "나의 옷장에 숨어 있었던 괴물"의 얼굴이었다. 그 순간에는 그를 결코 보고 싶지 않았다. 그러나 그 사진을 다시 집어 들어서 그의 눈 속 깊이 있는 어슴푸레한 빛을 찾았다.

남편과 내가 그를 만났던 첫 모임은 괜찮았다. 비록 어느 정도의 어색함이 있었지만 많은 발전이 있었다. 그날 세 시간의 모임을 마치고 떠났을 때 아주 행복했지만 또한 어느 정도는 혼란스러웠다. 어떤 이유에서인지 그가 그 자리에 참석하고 싶어 하지 않았다는 느낌이 들었기 때문이다. 우리가 만남을 준비하는 과정에서는 그가 정말로 참여하고 싶어 한다는 인상을 받았었는데 말이다.

일주일 후에 우리는 그가 그 만남 동안에 아주 아팠고, 바로 그 다음날 병원에 입원 했다는 소식을 들었다. 나는 우리가 시작했던 것을 마무리 짓기 위하여 두 번째 만남을 요구했다.

나는 궁금했던 모든 것에 대하여 질문을 했고, 모든 대답을 들을 수 있었다. 이번 모임에서 나는 그 범죄가 나에게 미쳤던 깊은 고통과 번민에 대한 진실한 감정들을 같이 공유할 수 있었다. 나는 그렇게 해야 된다고 느꼈고, 그는 나의 이야기 - 한 명의 피해자로서 그 범죄가 여성에게 미친 현실 - 를 들었다. 그는 나의 이야기를 듣고 울었다. 그는 나의 감정들을 이해하고 확인시켜 주었다. 우리는 몇 차례 웃기도 했다. 만남이 더 이상 좋을 수는 없었을 것이다.

나는 이제 24년 동안의 포로 생활에서 해방되어 누에고치를 벗어나는 나비 같은 느낌을 갖게 되었다. 잠도 적게 자고, 더 많은 에너지를 느낀다. 나는 이제 더 쉽게 웃고, 더 많이 미소 짓는다. 이제는 두려움이 거의 없다. 내 마음에는 평화가 더 많고, 거짓된 죄책감은 훨씬 적다. 나는 이제 더 이상 그 때 내가 이렇게 했었더라면 하는 상상을 하지 않는다. 24년 전에 빼앗겼던 능력과 통제력을 그것을 빼앗아갔던 사람으로부터 되돌려 받았다. 다른 사람이 이러한 변화를 알 수 있는지 모르겠지만 나와 남편은 확실히 알고 있다.27)

　강력범죄에 있어서 피해자와 가해자를 한 자리에 부르는 일은 쉽게 시작해서는 안된다. 자신의 행동으로 인한 인간적인 결과를 처음으로 직면해야 하는 가해자의 심각한 정서적인 충격에 대한 가능성뿐만 아니라 피해자와 생존자가 2차 피해를 경험할 수 있는 위험성이 크기 때문이다. 마크 옴브라이트Mark Umbreit와 같은 실천가들이 지적하듯이 우리는 여전히 배워야 할 것이 많다. 그러나 우리가 걸어온 경험만큼 배운 것 또한 사실이다.

6. VOC와 큰 틀로서의 회복적 정의

VOC는 회복적 정의라고 불리는 넓은 영역의 한 부분이다. 제1
장에서 설명했던 다양한 대화모임들도 이 영역의 한 부분이고, 이
영역에는 다른 모델들이 포함되어 있다. 회복적 정의는 범죄를 이
해하고 바로잡기 위한 통합 철학philosophy 또는 틀framework이다. 이
장에서는 회복적 정의의 개념을 간략하게 설명한다.

회복적 정의의 개념definition에 대해서는 일치된 의견이 없다. 사
실 실천가들은 일치된 개념이 있어야 한다는 주장에 대하여도 동의
하지 않는다. 어떤 이들은 너무 좁은 의미의 개념 정의는 이 분야에
서의 가능성을 제약한다고 주장한다. 또 어떤 이들은 회복적 정의
의 원칙은 거스르면서 회복적 정의라는 이름만 사용하는 프로그램
과 진정한 회복적 정의를 구별하기 위하여 개념 정의는 필수적이라
고 말한다.

그러나 회복적 정의의 기본적인 가정assumptions에 대해서는 공통
된 합의가 있다. 이러한 합의에는 범죄에 의하여 영향을 받은 사람
들의 필요, 전통적인 사법절차에 의해서는 많은 경우 충족되어지지

않는 필요의 해결이라는 중요한 내용이 포함된다. 회복적 정의의 옹호자들은 사법 시스템의 바깥에 위치했던 사람들피해자, 가해자 그리고 지역사회 구성원의 역할이 참여자들의 필요가 충족될 수 있도록 확대되어야 한다고 믿는다.

세 가지의 기본적인 개념 또는 가정이 회복적 정의의 철학과 실천의 기초를 제공한다. 이러한 가정은 많은 문화적 그리고 종교적 전통에 뿌리를 두고 있다.

1. 범죄는 사람에 대한 침해이고 또한 사람 사이의 관계에 대한 침해이다.
2. 침해는 의무를 발생시킨다.
3. 핵심적인 의무는 잘못을 바로 잡는 것이다.[28]

이러한 가정은 다음 세 가지의 기본 원칙을 만들어낸다.

1. 회복적 정의는 위반된 법률이나 규칙보다는 침해에 초점을 맞춘다. 이것은 피해자에 대한 침해와 그들의 필요가 채워지는 것이 회복적 정의 절차의 핵심이라는 의미이다.
2. 잘못 또는 침해는 의무를 만들어낸다. 책임을 지는 절차는 가해자로 하여금 자신이 야기한 침해를 이해하고, 의무를 다하도록 하는 것이다. 당연히 주된 의무는 가해자의 것이지만 지역 사회에도 동일한 의무가 있을 수 있다.

3. 회복적 정의는 참여를 장려한다. 참여자는 침해를 당한 사람과 침해를 한 사람 그리고 지역사회의 구성원 모두가 포함된다.[29]

사법 절차에 누구를 참여시킬 것인지 결정하는 것은 회복적 정의의 중요한 구성 요소 이다. 사법 시스템이 하나의 이해관계자라면 피해자, 가해자 그리고 지역사회 또한 어떤 과정의 한 부분이어야 한다. 이상적으로 정의justice는 어떤 사람에게 행해진 무엇이 아니라 모든 이해관계자가 협력한 노력이다.

아래의 정의definition가 토론을 위한 출발점이 될 수 있다.

> 회복적 정의는 구체적인 범죄에 대하여 이해를 가지고 있는 사람들과 잘못을 가능한 한 바로잡고 치유하기 위하여 침해harms 와 필요needs 그리고 의무obligation를 공동으로 발견하고 해결하려는 사람들을 최대한도로 포함시키는 접근 방식이다.[30]

그러나 정의definition는 위험하다. 캐나다 퍼스트 네이션Canadian First Nations, 역자주: 캐나다 원주민 단체의 발 나폴레온Val Napoleon은 회복적 정의가 무엇인지를 누가 결정하는지, 이런 정의definition에 따른 결과가 무엇인지, 그리고 그 정의에 숨겨진 유럽 중심의 생각들이 포함되어 있지는 않은지 질문한다.[31] 나폴레온은 실천가는 회복적 정의에 있어서 두 가지 즉 집단속의 개인individual과 공공 속의 사인 personal을 볼 수 있는 두 가지 관점을 견지할 수 있어야 한다고 하였다.[32] 다른 말로 모든 사람이 북아메리카의 개인주의individualism 가치에 공감 하지는 않는다는 것과 어떤 사람에게 있어서는 보다 넓은 의미의 지역사회의 필요와 피해가 개인의 필요만큼 중요하다는 것을 기억해야 한다.

정의justice는 누군가에게 행해진 어떤 것이 아니라 모든 이해관계자가 협력한 노력이다

이 원칙에 덧붙여서 개인들 사이에서 그리고 지역사회 내에서 관계의 완전성과 인간적 연결을 높이는 가치로 회복적 정의를 생각하는 것이 중요하다. 이것은 회복적 정의에 보다 큰 사회적 이슈가 반드시 포함되어져야 한다는 것을 의미한다.

VOC는 회복적 정의 분야에 있어서 가장 널리 알려진 프로그램의 하나이다. 어떤 사람은 대화모임의 다양한 형태들이 회복적 정의를 적용한 유일한 형태라고 본다. 실제로 회복적 정의의 개념과 용어는 VOC로부터 발달하였다.

그러나 만일 회복적 정의가 전반적으로 타당성을 가진다면 그것이 의미하는 바는 회복적 정의가 대화모임을 넘어서 사회로 그리고 일상생활로 확대되어야만 한다. 피해자와 가해자 옹호그룹 모두 회복적 정의가 VOC와 별도로 피해자와 가해자의 필요를 어떻게 해결할 수 있는지 질문하고 있다. 이러한 목소리는 실천가로 하여금 일단 가해자가 체포되어 유죄판결을 받은 후에 대화 기회를 제공하는 차원을 넘어서 참여자의 필요를 바라보도록 도전한다.

워싱턴의 클락 카운티에 있는 소년법원의 회복적 정의 코디네이터인 에릭 길맨Eric Gilman은 피해자 가해자 프로그램의 희망적인 접근에 대해 명확하게 언급하였다. 그는 어떤 프로그램이든 기본적인 초점은 피해자로 하여금 대화모임에 참여하도록 독려하는 것보다 훨씬 커야 한다고 주장한다. 그러기에 어떤 모습으로든 범죄에 의해 피해를 입은 개인들이 느끼고 있는 필요를 의미 있게 표현하도록 사전에 반응하는 지역사회에 초점을 맞추어야 한다고 하였다.33)

분명히 회복적 정의의 범위scope는 현재 프로그램이 제공하는 확실한 유익을 축소시키지 않으면서 면대면 대화를 넘어서는 모습으로 확대되어야 한다. 이런 대화는 사법 시스템에서 아주 좁게 규정하고 있는 "피해자"와 "가해자"의 개념을 폭넓게 정의하는 내용을 포함시켜야 한다. 개념을 폭넓게 정의한다면 가해자가 자신이 때로는 첫 번째 피해자로 인식될 수 있다.

또한, 확장된 범위의 회복적 정의에서는 반드시 권력의 문제를 언급해야 한다. 데니스 설리반Dennis Sullivan과 래리 티프트Larry Tifft는 지역 사회와 일상생활에 있어서 회복적 정의의 의미를 다음과 같이 언급하였다.

모든 사람의 필요를 만족시키고 우리 집단의 잠재된 가능성을 확장시키는 것이 회복적 정의의 원칙과 실천의 핵심이라고 말할 때, 우리는 즉각적으로 권력이라는 이슈와 직면하게 된다. 왜냐하면 권력의 속성은 다른 사람의 희생으로 필요를 만족시키고 다른 사람의 행복을 만드는 것을 정당화하기 때문이다. 권력은 한 사람 또는 한 집단이 자기 자신을 다른 사람들보다 더 위대한 가치를 가지고 있는 존재로 보는 가운데, 차별적인 인간 가치의 이데올로기를 반영한다. 따라서 그것이 치유를 위한 것이든, 잘못을 바로잡기 위한 것이든, 당면한 필요를 만족시키기 위한 것이든 권력에 의하여 취해진 행동들은 침해를 야기시킨다. 그것들은 회복적 정의의 정신을 무시하고, 특권 문화를 지지하며, 불평등한 패턴을 제도화한다. 회복적 정의의 옹호자로서 우리는 분명히 우리 삶의 모든 영역에서 권력의 작용을 이해하고 면밀히 살펴보도록 부름 받았다.[34]

회복적 정의의 영역은 가능성의 영역을 넓히고, 지역공동체의, 개인들 속에서, 그리고 개인 간의 연결의 중요성을 인식하도록 하는 중요한 교차로에 있다.

7. VOC의 유익과 위험요소

이 장에서는 VOC 과정에서의 다양한 이해관계자들이 가질 수 있는 유익과 잠재적인 위험들에 대해서 보다 자세히 살펴본다. 이해관계자들은 피해자, 가해자, 지역사회, 그리고 사법시스템을 포함한다.[35]

피해자를 위한 유익

VOC에서 피해자는 가해자를 만남으로써 범죄에 대한 자신의 감정에 대해 이야기한다. 그들 은 사법 절차를 통해서는 얻을 수 없었던 범죄의 발생에 대한 해답을 얻을 수도 있다. 왜 우리 집이 도둑을 맞았지? 가해자가 나에 대해서 사적인 원한을 가지고 있었나? 내가 만약에 집에 있었다면 어떻게 되었을까? 이런 질문은 피해자에게 아주 중요하다. VOC는 특히 피해자들의 장래 피해 가능성에 대한 불안감을 낮추어주고 좌절감을 해소시켜준다.

또한, VOC는 피해자에게 잘못에 대한 손해배상을 받을 수 있는 가능성을 준다. 비록 모든 피해 또는 손상에 대한 완전한 손해배상은 불가능할지라도 피해자들에게는 부분적인 손해배상이라도 이루어진다는 것이 상징적으로 중요하다. 손해배상 합의가 이루어질 때 대부분은 아주 높은 수준의 성취감을 맛본다.

금액과 배상 일정을 정하는데 참여한 피해자들은 VOC 과정을 통해 권한이 회복empowerment되었다는 느낌을 갖는다. 또한, 가해자가 자신의 잘못을 인정하고 후회하는 모습을 보는 것은 피해자에게 큰 도움이 된다.

이 과정의 결과로 많은 피해자들에게 처벌punishment과 가해자에 대한 태도의 변화가 일어나고, 범죄자에 대한 이해 및 범죄의 속성과 원인에 대한 이해가 높아지며, 소외감이 줄어드는 경험을 하게 된다.

연구 요약

다양한 지역에서 이루어진 VOC의 대규모 연구결과는 다음과 같다.

- 면대면 만남에 참석한 피해자들은 전통적인 사법시스템을 경험한 유사한 피해자57%와 비교했을 때, 회복적 사법절차에 더 만족한다.79%
- 피해자의 90%가 VOC 조정 절차에 만족했다.
- 가해자를 만난 이후에 2차 피해를 당할 수 있다는 피해자의 두려움이 크게 감소하였다.

VOC에 참석한 피해자는 정의로운 절차에 참여한다는 느낌을 갖고, 의견과 감정에 목소리를 싣고, 정서적으로 치유되는 느낌을 가짐으로써 권한회복empowerment을 느꼈다고 말한다.36)

피해자에 대한 위험

많은 피해자들은 대화과정에 참여함으로써 이미 겪은 사건과 관련된 고통스러운 감정을 다시 불러일으키는 대신에 단순히 범죄로부터 벗어나서 앞으로 나아갈 수 있으리라는 느낌을 갖는다. 어떤 사람은 가해자의 이야기를 통하여 범죄와 관련된 새로운 정보를 알게 되면서 다시 트라우마를 경험하기도 한다.

비록 VOC가 피해자 또는 가해자에게 치료적일 수 있지만 치료 그 자체는 아니다

피해자는 가해자가 자신의 이야기를 들을 때 어떻게 반응 할 것인지에 대하여 비현실적인 기대를 가지고 있기도 하다. 비록 VOC가 피해자 또는 가해자에게 치료적일 수 있지만 치료 그 자체는 아니다. 피해자가 겪었을 고통과 고민에 대하여 가해자가 이해하지 못하는 것처럼 보인다면 피해자는 실망하게 될 것이다.

가해자가 적절한 손해배상을 하지 않으려고 할 때, 보상을 할 수 없을 때, 합의를 이행하지 않을 때, 또는 가해자가 피해자의 질문에 대답을 할 수 없을 때 피해자는 실망하기도 한다.

가해자의 유익

전통적인 사법 시스템에서는 가해자에게 자신의 행동으로 인하여 발생한 인간적 손실human cost이 어느 정도인지 대면할 수 있는 기회를 주지 않는다. 그러나 피해자와의 대화는 가해자들이 저지른 범죄가 피해자의 일상생활에 어떠한 영향을 끼쳤는지를 보다 잘 이해할 수 있도록 돕는다. 면대면의 만남은 가해자로 하여금 피해자를 진짜 사람으로 보도록 도움을 준다. 예를 들어서 어떤 가정에 침입한 사람은 주거 침입으로 피해를 입은 사람과 그의 자녀들이 느꼈을 공포를 이해할 수 있을 것이다. 또는 가해자는 자신이 부자일 것이라고 생각했던 그 피해자 또한 사실은 자신처럼 많은 필요를 가지고 있는 사람이라는 것을 알게 될 수도 있다.

피해자를 만나고 손해배상을 하는 것은 가해자에게 가능한 모든 일을 바로잡을 수 있는 기회를 준다. 범죄학자들은 대부분의 범죄가 가해자 내면에 존재하는 거절감 때문에 발생한다고 지적한다. 더 나아가 투옥과 낙인으로 그들을 거부하는 것은 문제를 더 크게할 뿐이다. 지역사회 공동체에 재통합되어 질 수 있는 기회를 부여받는 가해자는 사실 거의 없다.

VOC는 가해자로 하여금 자신에게 내려진 결정에 수동적으로 반응하는 대신에 자기장래를 위하여 자신의 역할을 하도록 격려한다. 그렇게 함으로써 손해배상에 대한 주인의식과 손해배상의 이행에 대한 책임감 결심이 증대된다.

마지막으로 가해자들은 자신이 범죄자 이상의 존재라는 것을 보여줄 기회를 가진다. 그들은 단순히 "괴물monster"이 아니다. 그들 또한 사람이다. 이 과정을 통하여 가해자들이 끔찍한 일을 저질렀다는 사실을 인정하는 한편 이 과정은 가해자들이 근본적으로 나쁘지 않다는 사실도 보여준다.

가해자에 대한 위험

가해자들은 통제되고 안전한 환경에서조차도 피해자를 대면하는 것을 두려워한다. 많은 경우 피해자들의 인간성을 부정하는 것이 가해자들로 하여금 범죄를 저지르게 한다. 자신이 한 행위의 결과로 피해자가 경험했을 고통을 앉아서 듣는 행위는 그 범죄자에게 사람의 얼굴을 돌려주는 것이다. 이것은 피해자가 아무런 대화 없이 마냥 법정에 앉아있는 것과는 엄청나게 다르며, 훨씬 더 어려운 일이다.

가해자들은 종종 피해자들이 이 과정을 복수의 기회로 삼을 지도 모른다는 두려움을 가지고 있다. 그들은 피해자들이 터무니없이 많은 손해배상을 요구하거나 또는 같이 앉아있는 그 방에서 그들을 신체적으로 위협할 지도 모른다는 두려움을 갖고 있다. 대화모임이 안전하다는 확신을 주었을 때조차도 가해자들은 자신이 해를 끼친 사람과 만나는 것을 매우 힘들어 한다.

연구 요약

- 가해자의 91%는 VOC 조정 과정에 만족감을 표시했다.

- 가해자에게 있어서 조정 과정의 중요한 이슈는 무슨 일이 일어났는지를 피해자에게 이야기 하는 것, 사과하는 것, 그리고 피해를 배상하는 것이었다.

- 가해자가 표현한 긍정적인 주제에는 그들의 감정을 다루는 것, 자신이 한 것을 바로 잡는 것, 가해자에 대한 피해자의 달라진 태도를 보는 것, 새로운 기회를 부여 받는 것, 사과하는 것, 기분 좋게 조정 과정을 경험하는 것이 포함된다.37)

지역사회의 유익

지역사회에 기반한 프로그램은 해결책을 찾기 위하여 서로를 바라보는 시각을 바꿈으로써 스스로 문제를 해결할 수 있도록 지역사회에 권한을 부여한다. 대부분의 VOC 프로그램은 조력자로서 대화모임에 참석하여 이 과정을 촉진시키는 지역사회 자원봉사자들을 의지한다.

지역사회의 범죄에 대한 두려움fear of crime이 그들이 다양한 종류의 범죄를 줄이도록 돕고 보다 안전한 환경을 만드는 역할을 할 때, 줄어드는 경향이 있다. 훈련된 퍼실리테이터가 배운 기술들은 범죄와 관련된 갈등해결 뿐만 아니라 삶의 다른 영역의 갈등해소에도 유용하다. 이것은 피해자와 가해자가 다시 만날 가능성이 높은 지역사회에서 특별히 더 도움이 된다. 지역사회가 이러한 갈등해결에 더 많이 참여하면 할수록 신뢰관계를 유지하는데 더 많은 투자가 이루어진다.

지역 사회에 대한 VOC의 또 다른 유익은 재범의 감소이다. 가해자는 종종 더 많은 범죄를 저지르게 만드는 구금이라는 끔직한 충격을 피할 수 있다. 게다가 가해자들이 자신이 해를 끼친 피해자를 인간으로 보는 것을 배우고, 자신이 저지른 범죄로 인해 발생한 인간적 손실human cost에 대해서 깨닫게 되면, 결국은 다시 범죄를 저지르지 않게 된다.

지역사회에 대한 위험

일부 형사 사법시스템은 VOC를 전통적인 사법 시스템에서 활용 가능한 다이버전의 한 종류로 잘못 이해할 수 있다. 왜냐하면 이것이 사건을 처리하는 데 더 빠르고, 더 값싼 수단으로 여겨질 수 있기 때문이다. 그러한 경우에 VOC는 지역사회가 아닌 전통적인 사법 시스템을 위하여 일하게 되는 것이다.

지역사회의 또 다른 사람들은 VOC가 "가해자를 올무에서 벗어나게 해준다"고 생각하기 때문에 범죄에 대해 너무 온정적이라고 볼 수 있다. 만약 지역사회가 VOC의 유익과 원칙에 대하여 이해하지 못하거나 이 프로그램의 설계와 운영 과정에 참여하지 않는다면 VOC는 가해자가 형사처벌을 받을 위험에서 빠져나가기 쉬운 방법으로 보여 질수 있다.

연구 요약

청소년 피해자 가해자 프로그램 연구에 의하면 프로그램에 참여하지 않은 집단에 비해 재범율이 훨씬 낮았고 재범의 경우도 초범보다 훨씬 덜 심각한 범죄였다.

일반인을 대상으로 한 인식 조사에 의하면 일관되게 가해자로 하여금 손해배상을 하고, 피해자와 지역사회에 책임을 지도록 하는 결과를 더 선호하는 것으로 나타났다.[38]

사법 시스템에 대한 유익

VOC는 피해배상 금액과 합의를 이루는 심리과정을 제공함으로서 법원과 보호관찰 부서의 짐을 덜어준다. 이것은 업무 부담의 증가없이 피해배상의 선택권을 만든다는 점에서 사법 시스템에 보다 매력적이다. 마찬가지로 지역사회 또한 VOC가 피해배상 합의를 감독하고, 확실하게 시행함으로써 시간과 자원을 절약할 수 있다.

마지막으로 성공적인 VOC는 피해자 및 지역 사회에 대한 사법시스템의 신뢰성을 향상시킬 수 있다. VOC는 형사사법 관계자들에 대한 지역사회의 이해와 후원을 높일 수 있도록 피해자의 필요, 가해자의 책임, 지역사회의 참여에 관심을 둔다.

사법시스템에 대한 위험

만일 이것이 지역사회의 주인의식 없이 단순히 시스템에 의하여 운영된다면, 그리고 지역사회 내에서 정의의 원칙과 실천에 대한 폭넓은 재탐색 없이 진행된다면, VOC는 단순히 프로그램을 하나 더 늘리는 것이 되고 만다. 이런 측면을 고려하지 않고 VOC를 추가하는 것은 업무량만 증가시킬 뿐이다.

연구 요약

2007년에 회복적 정의와 일반 형사사법을 비교 연구한 전 세계 36개의 연구를 조사하였다. 결과는 다음과 같다.

- 실제로 회복적 정의가 일부 범죄자의 재범을 유의미하게 줄였지만 그것이 전부는 아니다. 그러나 36개 중 어떤 연구도 재범의 증가를 보이지는 않았다. 더구나 경미 범죄와 비교하였을 때 회복적 정의를 통해 폭력 범죄의 재범이 일관되게 감소한 것으로 나타났다.

- 회복적 정의 프로그램을 받은 범죄피해자는 이를 받지 않은 피해자보다 트라우마를 처리하는데 있어서 평균적으로 훨씬 더 잘 적응했다. 이것은 외상 후 스트레스를 포함한 결과에 폭넓게 적용된다.

- 회복적 정의는 형사사법과 관련하여 피해자와 가해자 모두에게 더 많은 만족감을 준다.

- 회복적 정의는 법원이 결정한 제재에 대해 더 높은 수준의 순응을 보여준다.

- 회복적 정의가 가능할 때 그렇지 않을 때 보다 더 많은 사건들이 정의에 이를 수 있다. 기소 대신에 회복적 정의로 사건을 다이버전을 하는 것은 가해자가 자신의 책임을 다하게 하는 확률을 크게 높인다.

- 회복적 정의의 증거는 다른 국가 사법정책보다 훨씬 더 강력하고 긍정적이다.

- 회복적 정의가 범죄를 줄이는데 아무런 효과가 없다 하더라도 피해자에게 도움이 되었으며, 그것이 회복적 정의가 필요하다는 근거이다.39)

VOC에 대한 연구는 아주 희망적이다. 참여한 피해자와 가해자 모두 만족도가 높다. 피해자의 두려움은 감소하고, 가해자는 자신의 행위에 대한 영향에 대하여 더 잘 알게 된다. 그리고 피해자와 가해자 모두 인간으로서 서로에 대하여 더 잘 이해하게 된다. 또한, 대화모임을 통하여 합의가 이루어졌을 때 피해자가 원하는   손해배상을 받을 가능성이 높아진다.40)

위에서 열거한 위험을 줄이기 위하여 VOC 프로그램은 이러한 도전들을 인식하고 안전장치를 만들어야 한다. 그렇게 하기 위해서는 종료할 때 까지 손해배상 합의를 적극적으로 모니터링, 피해자와 가해자 그리고 서비스 제공자 초청, 함께 일하는 사람들에 대해 상호책임을 다할 수 있는 VOC 감독위원회가 있어야 한다.

8. VOC의 핵심 이슈들

제7장에서 본 바와 같이 VOC의 유익에 대한 연구결과는 매우 희망적이다. 그러나 도전과제와 함정들이 있다. 개입은 언제나 의도하지 않은 결과들, 즉 계획하지 않고 예측하지 못한 결과들에 취약하다. VOC에 대한 그 어떤 열정도 반드시 발생할 위험과 도전에 주의를 기울여야만 한다. 아래에서는 다섯 가지의 도전 과제에 대하여 간략하게 살펴본다.

1. 피해자 가해자 대화모임은 가해자 중심적이다.

1999~2000년에 회복적 정의와 피해자 옹호자들은 회복적 정의에 대한 피해자 지원 단체의 목소리를 듣기 위한 "경청 프로젝트 listening project"를 진행했다.[41] VOC가 피해자 중심적이고 피해자의 필요에 민감하다고 주장하더라도, 실제에 있어서는 가해자와 관련된 내용에 따라 모임이 진행될 수 있다. 아래의 이야기는 경청 프로젝트에서 드러난 피해자 지원단체의 정서를 보여준다.

대부분 회복적 정의는 가해자의 필요 즉, 가해자를 변화시키고 교정하는 것을 반영할 뿐만 아니라 그러한 필요에 따라 운영된다. 회복적 정의는 가해자가 시작하고, 가해자 스케줄에 맞추어져 있다. 그러나 이런 필요와 관행은 피해자 필요와 맞지 않을 수 있다. 가해자들이 자신의 삶을 바꾸는데 도움을 받는데 반하여 피해자들은 그들의 트라우마를 극복하기 위한 도움을 받지 못하고 있다. 피해자들은 가해자 중심의 회복적 정의에 배신감을 느낀다.[42)]

피해자 가해자 대화 프로그램 절차가 기본적으로 가해자와 법원의 일정에 따른다는 피해자 단체의 비난은 정당한 지적이다. 이것에 대한 예외는 강력범죄 사건이다. 강력범죄 사건에서 대화는 피해자가 시작하고, 일반적으로 법원의 절차가 완료되고 난 이후에 이루어지기 때문이다.

VOC 프로그램은 피해자의 지역사회단체와 협력관계를 반드시 유지하여야만 한다.

전통적인 사법시스템이 가해자를 처리하도록 설계되었기 때문에 VOC 기관은 반드시 피해자 단체와 협력관계를 계속해서 유지하여야만 한다. 그것이 프로그램 설계와 실행의 핵심적인 부분이어야 한다.

가해자가 만나려고 할 때 VOC는 피해자의 필요를 해결하는데 도움이 될 수 있다. 그러나 가해자가 만나려고 하지 않을 때 피해자에 대해서 어떻게 해야 하는가? 만남이 부적절하고, 가해자가 피해자를 만날 수 없거나 만나려고 하지 않을 때 어떻게 피해자의 필요를 충족시킬 수 있는가? VOC 스태프는 이러한 한계가 존재한다는 것과 피해자에게 서비스를 제공하는 회복적 정의 영역에 VOC가 부적절하거나 실행할 수 없는 영역이 있다는 것을 기억해야만 한다.

어떤 프로그램에서는 같은 사건이 아닌 피해자와 가해자를 서로 만나게 하여 이런 필요를 해결한다. 예를 들어 A라는 주거침입 절도사건의 가해자가 피해자를 만나려고 하지 않을 때, B라는 다른 주거침입 절도사건의 가해자가 대신해서 A사건의 피해자를 만나도록 할 수 있다.

2. 피해자 가해자 절차에서 가해자의 적절한 자발성을 어떻게 확보할 수 있는가?

모든 VOC는 전적으로 피해자의 자발적인 참여를 강조한다. 그러나 가해자 참여에 있어 어느 정도 자발적인지 또는 자발적이어야 하는지에 대한 논쟁이 있다. 대부분의 사람들이 비자발적인 가해자를 강제로 절차에 참여시키는 것은 부작용을 일으킨다는데 동의한다. 피해자는 프로그램 진행에 어떤 강제coercion가 있었는지 알아야 하는데 그래야 그들도 자신의 참여에 대해 적절한 선택을 할 수 있기 때문이다. 피해자는 결코 강요되지 않아야 하며, 프로그램은 가해자의 자발적인 참여를 최대화 할 수 있는 조치를 확실히 해야 한다.

에릭 길맨은 클락 카운티 소년법원이 모든 피해자와 가해자들에게 회복적으로 대응해야 한다고 주장한다.

> 윤리적 차원을 넘어, 누군가를 대화나 조정에 강제적으로 참여시키는 것은 실천할 가치가 없다. 만약 참여자들이 대화과정에 일정 수준의 책임을 보이지 않는다면 퍼실리테이터나 조정자를 포함하여 모든 사람들에게 불쾌한 경험이 될 뿐만 아니라 동시에 쓸모없는 노력이 될 것이다. 만약 그들이 의미 있게 관여한다면 만남에 있어서 참여자들은 자신들에게도 어느 정도 잠재적인 가치가 있다는 것을 볼 수 있어야 한다.[43]

이러한 모임에 가해자가 자발적으로 참여하기 위해서는 대화모임이 가져다주는 유익을 그들이 볼 수 있어야 한다. 가해자가 중요하게 생각하는 이슈가 무엇인지 아는 것, 중요한 이슈를 대화 과정에 접목시키는 능력이 가해자를 면대면의 만남에 자발적으로 참여하게 하는 가장 중요한 요소이다.

3. 프로그램들은 절차에서 엄청난 권한을 가지고 있는 법원, 경찰 또는 검찰과 친밀하게 연결되는 경향을 보인다.

특정 사건을 의뢰하지 않을 수 있지만, 대부분 VOC의 사건은 사법 시스템으로부터 의뢰된다. 예를 들어 피해자 또는 가해자가 VOC 절차를 원하지만 사법 시스템에서는 거부할 때 관련된 사람들에게는 좌절의 원인이 될 수 있다. 많은 공범이 있는 사건에서 한 명의 가해자만 사건이 의뢰되고 다른 가해자는 그렇지 않는 것도 관련된 사람들에게 좌절의 원인이 될 수도 있다. 뿐만 아니라 사법 시스템은 그것이 속한 지역사회의 구조적인 문제를 반영한다. 이처럼 인종차별과 계급주의와 같은 유형은 의뢰 절차에 영향을 미치기도 하며, 사법 시스템을 받아들이거나 벌금을 부과하는 결과에 영향을 미친다.

> 인종차별과 계급주의와 같은 유형은 의뢰 절차에 영향을 미치기도 하며, 사법 시스템이 받아들이거나 벌금을 부과하는 결과에 영향을 미친다.

VOC 프로그램은 이러한 이슈들을 인식할 필요가 있고, 이것들을 해결하기 위하여 노력하여야 한다. 예를 들어서 프로그램은 퍼실리테이터에게 이런 억압적인 이슈에 대하여 훈련시켜야 하고, 이런 이슈의 영향을 줄일 수 있도록 사법 시스템과 협력할 책임이 있다. 이를 위하여 프로그램은 반드시 이런 정책에 가장 영향을 많이 받는 사회단체 위원회나 상호책임 멤버들을 포함시켜야만 한다.

또한 프로그램은 지역사회 수준에서 보다 더 많은 사람들이 참여할 수 있도록 기회를 제공하는 것이 중요하다. 지역사회 구성원들도 자신들을 단순히 수동적으로 서비스를 받는 사람이 아니라, 이 과정의 중요한 이해관계를 가진 사람으로 보는 것이 중요하다.

4. VOC와 같은 현재의 회복적 정의 접근방식은 본질적으로 개인주의적이다. 어떻게 이러한 절차가 피해를 입은 지역의 사회적 이슈를 다룰 수 있겠는가?

제1장에는 러스 켈리가 15살에 부모님을 모두 잃은 사건이 소개되어 있다. 그는 그 슬픔과 트라우마를 해결할 수 없었다. 자신의 감정을 처리할 수 있는 건강한 출구를 찾는 대신에 마약과 알코올에 빠져들었다.

그의 슬픔과 상실이 그가 선택했던 행동을 위한들 변명이 될 수 없지만, 그의 행동들은 이런 사건에서 흔히 등장하는 시나리오이다. VOC 프로그램은 어떤 사건의 결과로 발생한 피해자와 가해자의 필요를 해결하기 위하여 설계되었다. 그러나 많은 사람들이 단순히 범죄의 증상 보다는 어떻게 하면 범죄의 원인을 해결할 수 있는지에 대하여 질문한다. 회복적 정의 옹호자들과 실천가들은 근본적인 원인을 설명하기 위해 이런 필요를 인정하고, 학교 및 위기 청소년들과 협력하여 지역 사회에의 예방 프로그램을 추진하고 있다.

5. VOC 모델과 회복적 정의 개념은 중요한 문화적 편견을 포함하고 있다.

이 소책자에서 설명하고 있는 절차들은 서구, 유럽 중심의 프레임이라는 맥락 속에서 발달하였다. 비평가들은 퍼실리테이션 스타일이 이러한 편견을 반영할 수 있고, 따라서 다른 전통을 가진 민족에게는 적합하지 않을 수 있다고 지적한다. 또 어떤 사람들은 이런 관행에 기반하고 있는 기본적인 가정assumptions과 회복적 정의 이론이 이런 무의식적인 편견을 포함하고 있다고 주장한다.

프로그램을 문화적으로 수정하여 적용한 사례는 아프리카 중심의 회복적 정의에 대한 모리스 젠킨스Morris Jenkins의 연구이다. 젠킨스는 아프리카 중심과 유럽중심의 이론의 차이를 네 가지 기본적인 원칙 즉 세계관world view, 가치관values, 인간관nature of people, 지식의 원천source of knowledge에서 다르다고 주장하였다.44) 그는 회복적 정의 실천가들이 미국 흑인 지역사회에서 사용할 수 있는 "문화적 정의 모델cultural justice model"을 제공한다. 그는 실천가들이 그들의 현재 활동을 증진시킬 수 있는 대안적 시각을 가져야 한다고 권장한다.

가능한 한 VOC 실천가들은 자신이 갖고 있는 편견을 인식할 필요가 있다. 그들은 또한 다른 전통을 가진 사람들의 관점에 주의 깊게 귀를 기울여야 한다. 더구나 다른 문화와 사회에서 VOC를 적용할 때, 그 맥락에 적합한 방식으로 수정해야 한다. 많은 문화들은 발생한 갈등과 침해를 해결하는 전통을 가지고 있다. 이런 맥락에서 "중립적인neutral" 퍼실리테이터를 활용하는 "개인주의화된 individualized" VOC 모델은 적합하지 않을 수 있다.

전체적으로 VOC와 회복적 정의에 대한 비판으로 "나비 이야기 butterfly stories"를 예로 들면서 설명하는데, 이는 자신의 아이디어를 지지하는 적합한 표본만을 모은다는 뜻으로 회복적 정의를 옹호하는 사람들을 비난하는 말이다. 우리는 나비 이야기들을 통해서 많은 것을 배울 수 있으며, VOC 실천을 통해서도 많은 것들을 배울 수 있다. 그러나 여전히 잘 진행 되지 않는 사례들도 많은데, VOC를 옹호하고 이를 실천하는 사람들은 이런 이야기들로부터도 배울 수 있어야 한다.

결론·범죄를 넘어서

나는 아들의 대학교 방학을 맞아 함께 집으로 차를 타고 돌아오고 있었다. 아들이 일 년 동안의 이야기를 들려주었다. 집에서 배웠던 갈등에 대한 기술을 잘 활용했다고 말했다. 친구 두 명이 서로 힘든 시간들을 보내고 있었고, 아들은 그들에게 진짜로 필요한 것은 방에 둘러 앉아서 서로 이야기하는 것이라고 생각했다. 아들은 그들을 방으로 불러서 앉히고, "어떤 사람도 그들 사이에 일어나고 있는 일들에 대해서 서로에게 이야기하기 전까지는 방을 떠날 수 없다"는 원칙아래 대화를 진행하였다. 일은 잘 해결되었다고 했다.

아들이 친구들의 관계에 있었던 고통을 어떻게 해결했는지 그 과정을 나에게 이야기했을 때, 내 안에는 뭔가 참견하고 싶은 마음이 꿈틀거렸다. 아들이 사용했던 방식이 내가 사용했던 것들과 달랐지만 아들의 방법은 분명하게 작동하였다. 다행스럽게도 나는 내 생각을 감출 수 있었다. 누가 회복적 정의와 그 절차를 규정하는지는 매우 중요한 이슈이다.

내가 특정한 절차에 대하여 특정 모델을 제시해 왔지만 이것이

유일한 방법이거나 또는 유일하게 옳은 방법이 아니라는 것을 알고 있다. 이것은 나의 세계관과 맥락으로부터 나온 방법들 중 하나일 뿐이다. 다른 사람들이 이 일에 덧붙인 경험의 가치를 알고 배우면서 이 일에 대한 나의 이해는 계속해서 넓어지고 있다. 이러한 다양한 경험과 세계관이 VOC의 실천 속에서 통합되면서 그것은 모두를 위한 보다 효과적인 접근 방법이 되고 있다.

마지막으로 나는 아들이 회복적 정의와 VOC가 가장 중요하게 여기는 것이 무엇인지 알고 있어서 기뻤다. VOC에서 제일 중요한 것은 각 개인의 관계이고, 그들의 공동체이다. 이러한 관계는 어떤 경우에서도 반드시 핵심 이어야만 한다.

나는 VOC가 우리에게 그러한 기회를 제공하고 있다고 생각한다. 그것은 우리로 하여금 지역사회를 강화시키는 방법과 우리가 스스로를 보살필 수 있는 방법 속에서 받은 피해와 그 결과에 대해서 이야기하도록 한다. 이 '정의와 평화 실천시리즈' 는 범죄라는 맥락 속에서 이러한 절차를 적용한 것이지만, 이러한 절차는 우리 삶의 다른 영역에도 분명히 적용할 수 있을 것이다.

용어번역 일람표

용어	기본 번역용어	가능한 번역용어
accountability	책임을 짐, 책임부담	상호책임, 책임이행, 답책성
address	다루다, 해결하다	언급하다
agreement	합의	
alternative program	대안프로그램	
arbitrator	중재자	
assault	폭행	폭력, 가해
authority	권위	권한을 가진 사법기관
balanced partiality	균형잡인 불공평	
benefit	유익	
burglary	주거침입절도	
case	사건	사례
care giver	위탁양육자	보호자
charge	기소	
Circle	서클	
circle keeper	서클 키퍼	서클 지킴이
Circle of Support and Accountability	지원과 책임부담을 위한 서클	후원 및 책임서클
clemency appeal	사면신청	
community	지역사회	지역사회, 커뮤니티
community of care	관심을 가진 사안별 공동체	
community of place	지역 공동체	

용어	기본 번역용어	가능한 번역용어
community resource	지역사회 자원, 공동체 자원	
community service	사회봉사명령	
conference	대화모임	회합
conflict	갈등	
conflict resolution	갈등해결	
conflict transformation	갈등변환	갈등전환
crime	범죄	
crime victim	범죄피해자	
criminal justice	형사사법	
custodial parents	양육권을 갖는 부모	
death penalty	사형	
defense attorney	피고인 변호인	
Defense-Based Victim Outreach(DIVO)	피고인 변호과정에서의 피해자지원활동	
desert	응분의 벌	
diversion	다이버전	전환처우, 대안처우
domestic violence	가정폭력	
due process	적법절차	
early intervention	조기개입	
empowerment	권한위임, 권한회복, 임파워먼트	역량 강화
encounter	만남	
encouragement	장려, 격려	
engagement	참여	
equity	형평성	
face to face encounter	직접 대면	면대면 만남

용어	기본 번역용어	가능한 번역용어
faciliator	퍼실리테이터	퍼실리테이터협회에서 정식 용어로 사용(https://www.facilitator.or.kr)
family caucus	가족회의	
Family Group Conference(FGC)	가족집단대화모임	
fine	벌금	
first-time offender	초범	
follow-up	팔로우업	추후지도
forgiveness	용서	
fully restorative	완전 회복적	
general welfare	공공복지	
ground rules	현장에서 정하는 규칙	현장규칙
guiding question	길잡이 질문	
guilt	유죄	
halfway house	중간처우의 집	
harm	피해	해악
healing	치유	
healing circle	치유서클	
human cost	인간적 손실	
implementation	시행, 실행	
imprisonment	구금형	
incarceration	구금형	
information	정보	
informal probation	보호관찰조건부 기소유예	경미한 범죄를 저지른 초범에게 부과하며, 준수사항을 위반하면 처분이 취소될 수 있다.
injustice	불의, 부정의	

용어	기본 번역용어	가능한 번역용어
input	의견(의 주장)	
integration	통합	
interconnectedness	상호연결성	
involvement	관여	
jirga	아프가니스탄의 족장회의	
joint meeting	양당사자합동만남	조인트미팅, 연석회의
judge	판사, 법관	
justice	사법, 정의	정의
juvenile justice	소년사법	
juvenile offender	비행청소년	소년범죄자, 소년가해자
lawyer	변호사	
legal justice	법제도	(종래 현재 기존의) 법제도
legitimate	정당한	합법적인
lose	손해	손실
mass violence	대규모 폭력/거대 폭력	집단폭력
mediation	조정	중재
mediator	조정자	중재자
Mennonite	메노나이트	
minor offense	경미범죄	경미한 가해행위
mostly restorative	대부분 회복적	
murder	살인	
needs	니즈	요구(사항), 필요(사항)
neutral	중립적	
neutralizing strategy	중립화전략	
non restorative	비회복적	
obligation	의무	

용어	기본 번역용어	가능한 번역용어
offender	가해자	
offender advocacy	가해자 지원	
offense	가해행위	범죄
orderly development of law	질서 있는 법의 발전	
outcome	결과	회합결과, 아웃풋
parole	가석방	
partially restorative	일부 회복적	
participation	참가	
peacebuilding	평화구축	
peacemaking circle	평화구축서클	화해서클
peacemaking court	평화구축법정	
plan	해결방한	계획, 해결책
plea agreement	유죄답변협상	
practice	실천, 실무	관행
practitioner	실무가	
primary participant	주요 참여자	
prison	교도소, 구금형	
prison sentence	구금형	
prison staff	교정관	
prisoner re-entry program	재소자 사회복귀 프로그램	
probation	보호관찰	
probation collection office	보호관찰 모금기관	
process	과정, 절차	
prosecutor	검사	
probation and parole officer	보호관찰관	
pseudo-restorative	유사 회복적	

용어	기본 번역용어	가능한 번역용어
punishment	처벌	
put(thing)rights	잘못을 바로잡기	바로잡기
rape	강간	
recidivism	재범	
reconciliation	화해	
recovery	회복	복구
referral	의뢰, 회부	
rehabilitation	사회복귀	
relationship	관계, 관계성	인간관계
remorse	반성	
reparation	원상회복	
repeat crime	재범	
representative	대변인	대표자, 대변자
respect	존중	
responsibility	책임	
restitution	배상	
restoration	회복	
restorative approach	회복적 접근방식	
restriction justice	회복적 사법	회복적 정의
restriction	규제, 근신	
retribution	응보	
retributive justice	응보사법	
rule of law	법치주의	법의 지배
sanction	제재	
sentence	형의 선고	처벌
sentnecing circle	양형서클	

용어	기본 번역용어	가능한 번역용어
severe offense	강력범죄	중대범죄
sex offender	성범죄자	
shame	수치심	
stakeholders	이해당사자	이해관계자
state justice	국가사법	
step parents	계부모	
surrogate	대리인	
support	지원	지지, 후원
talking pease	(서클에서의)토킹 피스	
testimony	진술	
therapeutic program	치료프로그램	
transition	전환	이행
trauma	트라우마	
treatment	처우	
Truth and Reconciliation Commission	진실과 화해위원회	
vengeance	복수	
victim	피해자	범죄피해자
victim advocacy community	피해자 지원단체	
victim advocate	피해자 지지자	피해자 옹호자(지원자)
victim assistance	피해자지원	
Victim-impact panel	피해영향패널	
victimization	피해자화	
re-victimization	재피해자화	
Victim Offender Conference(VOC)	피해자-가해자 대화모임	
Victim-Offender encounter	피해자-가해자 만남	

용어	기본 번역용어	가능한 번역용어
Victim-Offender Reconciliation program(VORP)	피해자-가해자 화해프로그램	
victim-oriented	피해자 중점의	피해자 지향의
victim oriented offender rehabiltation	피해자를 중점적으로 고려한 가해자 사회복귀	
vindication	정당성 해명	정당성 입증, 정당성 주장
violation	침해	
violence	폭행, 폭력	
witness	목격자	증인
wrongdoing	불법한 행위	
wrongs	불법한 행위	
youth court	소년법정	
Youth Justice Coordinator	소년사법 코디네이터	소년사법 조정자

*『회복적 정의 실현을 위한 사법의 이념과 실천』KAP, 2015의 용어번역 일람표를 일부 수정하고 추가함.

추천 도서

Amstutz, Lorraine Stutzman and Howard Zehr. *Victim Offender Conferencing in Pennsylvania's Juvenile Justice System* (Commonwealth of Pennsylvania, 1998).

Liebmann, Marian. *Restorative Justice: How it Works* (London and Philadelphia: Jessica Kingsley Publishers 2007).

MacRae, Allan and Howard Zehr. *The Little Book of Family Group Conferences: New Zealand Style* (Intercourse, PA: Good Books, 2004).

Umbreit, Mark S. *The Handbook of Victim Offender Mediation: An Essential Guide to Practice and Research* (San Francisco: Jossey-Bass, 2001).

Zehr, Howard. The *Little Book of Restorative Justice* (Intercourse, PA: Good Books, 2002). 『회복적 정의 실현을 위한 사법의 이념과 실천』(KAP, 2015)

1) For an overview of restorative justice, see Zehr, *The Little Book of Restorative Justice.* 『회복적 정의 실현을 위한 사법의 이념과 실천』(KAP, 2015)

2) Laura Mirsky, "Restorative Justice Practices of Native American, First Nation, and Other Indigenous People of North America: Part One," (International Institute for Restorative Practices, 2004) pp.5-6. Available at http://www.realjustice.org/library/natjust1.html

3) The complete story is available from Restorative justice Online at http://www.restorativejustice.org/library/natjust1.html

4) Mark Umbreit, et al, "National Survey of Victim-Offender Mediation Programs in the United States," (U.S. Department of Justice, April 2000) p.3 Available at http://ojp.usdoj.gov.

5) Jim Shenk, "Mediator's Corner," in *Making Things Right* (Lancaster, PA: LAVORP, Aprill 2002).

6) For more on Family Group Conferences, see MacRae and Zegr, *The Little Book of Family Group Conferences*, New Zealand Style.

7) Mark Umbreit, "Family Group Conferencing: Implications: Implications for Crime Victims," (U.S. Department of Justice, April 2000) p.3 Available at http://www.ojp.usdoj.gov

8) Lisa Merkel. Holguin, "Puting Families Back into Child Protection Partnership: Family Group Decision Making."(American Humane, n,d.)

9) (Intercourse PA: Good Books, 2005)p.7.

10) Lorraine Stutzman Amstutz and Judy H. Mullett, *The Little Book of Restorative Discipline for Schools* (intercourse, PA: Good Books, 2005)pp.53,55.『학교현장을 위한 회복적 학생생활교육』(KAP, 2014)

11) Napoleon, "By Whom, And By what Processes, Is Restorative Justice Defined, and What Bias Might This Introduce?" in Critical Issues in Restorative Justice, Howard Zehr and Barb Toews, eds, (Monsey, NY: Criminal Justice Press, 2004)p.34.

12) This story was written by Doris Luther, a VOC facilitator in Maine.

13) Mark Umbreit, Betty Vos, and Robert Coates, "Restorative Justice Dialogue: Evidence-Based Practice," (Center for Justice & Peacemaking; University of Minnesota, Minneapolis, 2006). Available at http://rjp.umn.edu.

14) Ibid.

15) This story was provided by Shalom VORP of Northwest Ohio.

16) Umbreit, The Handbook of Victim Offender Mediation, pp.206-07.

17) Ibid, p.209.

18) This story was provided by the Lancaster Area Victim-Offender Reconciliation Program. It was first printed in the "Mediator's Corner" column og the LAVORP newsletter.

19) Amstutz and Zehr, Victim Offender Conferncing in Pennsylavania' s Juvenile Justice System, pp.45-55. Available online at http://www.mcc.org/us/peacebuilding under Print Resources

20) See "Victim-Offender Mediation Association Recommended Ethical Guidelines." Available at http://www.voma.org/docs/ethics.pdf

21) Ibid, p.1.

22) Shonna Robinson, Victim/survivor, "The Beginning of a Healing Process," Office of the Victim Advocate Newsletter 4 (October 2000).

23) Mark Umbreit, et al. "Execuative Summary: Victim Offender Dialogue in Crimes of Severe Violence: A Multi-site Study of Programs in Texas and Ohio." (Center for Restorative Justice & Peacemaking; University of Minnesota, Minneapolis, 2002). p.2. Available at http://www.cehd.umn.edu/ssw/rjp.under Resources.

24) Ibid.

25) See "Your Rights, Your Voice, Your Participation," from the Texas

Department of Criminal Justice Victim Services Division. Available at http://www.tdcj.state.tx.us.

26) For more on the Ohio program, see Mark Umbreit, et al, Facing Violence: The Path of Restorative Justice and Dialogue (Monsey, NY: Criminal Justice Press, 2003).

27) Author's name withheld, "Real People, Real Stories: A Transforming Journey." in Restorative Justice Online (March 2006). Available online at http://www.restorativejustice.org/editions/2006/march06/Victimstory

28) Zehr, *The Little Book of Restorative Justice*, P.19. 『회복적 정의 실현을 위한 사법의 이념과 실천』(KAP, 2015)

29) *Ibid*. pp.22-24.

30) *Ibid*. p.34.

31) Napoleon, "Restorative Justice Defined" in Critical Issues in Restorative Justice, p.35.

32) Ibid.

33) Gilman, "Engaging Victims in a Restorative Process"(September, 2006)[p.1]. Available at http://www.voma.org/docs/Engaging victims in a Restorative process.pdf

34) Sullivan and Tifft, "What Are the Implications of Restorative Justice for Society and Our Lives?" in *Critical issues in Restorative Justice*, p.388.

35) This discussion of risks and benefits is adapted from Amstutz and Zehr, Victim Offender Conferncing in Pennsylvania's Juvenile Justice System, p.26-29.

36) Mark Umbreit, Robert Coates, and Betty Vos, "Impact of Restorative Justice Conferncing with Juvenile Offenders: What We Have Learned from Two Decades of Victim Offender Dialogue Through Mediation and Conferncing," (Center for Restorative Justice & Peacemaking; University of Minnesota, Minneapolis, 2000).

37) Ibid.

38) Lawrence Sherman and Heather Strang, "Restorative Justice: The Evidence,"(London: Smith Institute, 2007) p.68. Available at http://www.smith-institute.org.uk/pdfs/RJ full report.pdf

39) Ibid, p.88.

40) Mark Umbreit, Robert Coates, and Betty Vos, "Victim-Offender Mediation" in Handbook of Restorative Justice, Dennis Sullivan and Larry Tifft, eds (New York: Routledge, 2006).

41) Hrry Mika, et al. "Taking Victims and Their Advocates Seriously: A

Listening Project,"(Akron, PA: Mennonite Central Committee, 2002) p.5. Available at http://mcc.org/us/peacebuilding/print.html

42) Ibid, p.5.

43) Gilman, "Engaging Offenders in Restorative Dialogue Processes," (Clark County, Washington: Juvenile Court, September 2006). Available at http://www.voma.org/docs/Engaging Offenders in Restorative Dialogue.pdf

44) Jenkins, "Afrocentric Restorative Justice," VOMA Connections 20(Summer 2005)p.1. VOMA Newsletters are available at http://www/voma.org